UNIVERSIDADE, CIDADE, CIDADANIA

FRANKLIN LEOPOLDO E SILVA

copyright Franklin L. e Silva
edição brasileira© Hedra 2014
indicação Ricardo Musse
edição Jorge Sallum
coedição Luis Dolhnikoff
assistência editorial Luan Maitan
revisão Luis Dolhnikoff
capa Ronaldo Alves
imagem da capa Robert Wood's 13-inch reflector telescope / Latinstock
ISBN 978-85-7715-127-1

*Grafia atualizada segundo o Acordo Ortográfico da Língua
Portuguesa de 1990, em vigor no Brasil desde 2009.*

*Direitos reservados em língua
portuguesa somente para o Brasil*

EDITORA HEDRA LTDA.
R. Fradique Coutinho, 1139 (subsolo)
05416-011 São Paulo SP Brasil
Telefone/Fax +55 11 3097 8304

editora@hedra.com.br
www.hedra.com.br

Foi feito o depósito legal.

UNIVERSIDADE, CIDADE, CIDADANIA
Franklin Leopoldo e Silva

Valter José (*organização*)

1ª edição

hedra

São Paulo_2014

Sumário

Nota do organizador, *por Valter José*   9
A experiência universitária entre dois liberalismos   11
A perda da experiência da formação
na universidade contemporânea   85
A universidade em tempos de conciliação autoritária   99
Universidade, cidade, cidadania   117
O futuro da universidade   131

A José Leopoldo e Silva (1918–1950), estudante.

Nota do organizador

Valter José

Selecionamos e reunimos aqui alguns textos do filósofo Franklin Leopodo e Silva que tratam de formação, educação, universidade, ensino de filosofia — e da Faculdade de Filosofia, Letras e Ciências Humanas da USP em particular. São textos críticos, políticos, filosóficos, teóricos e históricos, com a missão de contar e discutir, entre outras coisas, a formação e o futuro de nossas instituições universitárias.

São o resultado de muita reflexão e análise, e de muito envolvimento pessoal e intelectual de quem sempre esteve envolvido com o tema, com ardor ético mas sem abandonar a clareza e a objetividade.

Foucault aprendeu com Blanchot a existência de um fora da filosofia; que não é obviamente filosofia, mas uma posição que a torna possível como discurso e crítica. E esse fora da filosofia é também um lugar de observação, quando a própria filosofia desanda a se emaranhar em erros, motivados pela cegueira ideológica. Em todo caso, nosso filósofo, profundo conhecedor de Bergson, desenvolve em parte o que Deleuze diz enxergar na obra do autor de *Matéria e Memória*: um método que permita deixar às claras as articulações do real.

Entretanto, encarar o real não implica em abraçar o positivismo, deixando de lado a crítica histórica e genética. Mas trazer à tona também os limites desse positivismo, criticá-lo em seu dogmatismo tendencioso, tal como fez Kant com a metafísica.

O fio condutor desses textos é o exame de contradições que envolvem a fundação, a formação e o desenvolvimento de nossas instituições universitárias, com destaque para a Universidade de

São Paulo, até hoje um "cavalo de Troia", ainda carregando em seu bojo o corpo e a alma de dois liberalismos que se digladiam nesse espaço incômodo.

O primeiro, um liberalismo como "instrumento de formação das elites dirigentes, que deveriam promover o ingresso do país na modernidade política". O segundo, "um liberalismo no qual vivemos até hoje, que trocou a ilustração pela tecnocracia, alheio a qualquer projeto emancipatório para o país".

O esforço reflexivo e crítico de Franklin Leopodo e Silva é como o esforço de alguém que se equilibra em uma lâmina muito fina. Porque estando ainda dentro da instituição universitária, no âmbito dos que defendem a adoção pela universidade de um viés tecnocrático, tenta manter-se firme no intuito de traçar algumas linhas que esbocem ao menos algum possível espaço de resistência.

Há no autor uma militância, porém não uma militância barulhenta, vociferante, como existe hoje tanto à direita quanto à esquerda, e sim uma militância silenciosa e discreta e, por isso mesmo, tão efetiva e real quanto uma heresia. O silêncio da reflexão é capaz de mover céus e terras.

Mesmo silenciosa, a reflexão frankliniana caminha sob o influxo da autorreflexão libertadora de Adorno, o que significa crítica política radical e emancipadora. Pois não se trata apenas de contar a formação e enumerar as contradições de nossas instituições universitárias; trata-se também de apontar saídas e caminhos para as universidades brasileiras, parte importante de nossa realidade.

Daí a atualidade irresistível destes textos, seu vigor e sua juventude: um convite a que seus leitores pensem a necessidade de uma universidade mais livre, mais aberta à liberdade e à solidariedade.

A experiência universitária entre dois liberalismos[1]

I

Dois liberalismos, no contexto do que se vai desenvolver aqui, significa: duas concepções de modernização, dois processos dirigidos para um mesmo objetivo, que seria o de colocar a instituição universitária à altura da sua época, inseri-la na efetividade do tempo histórico. O primeiro liberalismo ou a primeira "modernização" geraram as ideias expressas nos propósitos dos fundadores da Universidade de São Paulo, o grupo de liberais ilustrados que, nos anos 1920 e 1930, concebeu um projeto político-educacional de regeneração da sociedade brasileira em que a Universidade aparecia como o mais importante instrumento de formação das elites dirigentes que deveriam promover o ingresso do país na modernidade política, aliviando-o do lastro incômodo das oligarquias atrasadas cujos vícios reiteradamente presentes na sucessão das conjunturas constituíam os maiores obstáculos ao aprimoramento da vida política e à realização dos ideais republicanos. O outro liberalismo é aquele sob o qual vivemos presentemente, que trocou a ilustração pela tecnocracia e, alheio a qualquer projeto emancipatório para o país, contenta-se em manter-se indiscutivelmente alinhado com as diretrizes econômicas globalizantes emanadas do centro do capitalismo. Embora não se possa falar de um grupo em que a coesão seria sustentada por uma identidade de propósitos tão nítida quanto a que guiava os liberais ilustrados de São Paulo, ainda assim creio que se pode falar da formulação de um projeto, atualmente em

---

1. Publicado na *Tempo Social — Revista de Sociologia da USP*, volume 11, n 1, maio de 1999.

curso, e que mantém com os objetivos do primeiro liberalismo pelo menos uma simetria: os liberais ilustrados conceberam o projeto inaugural da Universidade; os liberais tecnocráticos formularam o projeto terminal da Universidade. O estabelecimento de algumas comparações no exame da trajetória entre o começo e o fim talvez permita a compreensão de certos aspectos importantes do processo, sobretudo no que diz respeito ao modo de participação dos agentes históricos na confluência entre os objetivos e os resultados. É preciso considerar também que, estando este projeto terminal em vigência, dele todos participamos, alguns porque a ele aderiram e o defendem, em nome da modernização necessária e até mesmo em nome da sobrevivência da instituição; outros, que mantêm fidelidade a uma outra ideia de universidade, procuram organizar de alguma maneira um espaço de resistência dentro das possibilidades restantes de atuação, a cada dia mais exíguas, seja em termos políticos, seja mesmo em termos estritamente universitários. Em ambos os casos talvez possa ser útil alguma tentativa de elucidação do sentido destes compromissos.

II

No projeto de fundação da Universidade de São Paulo, as determinações de origem estão marcadas por profundas contradições. Se é verdade que o mesmo acontece em todos os processos históricos, neste caso o interesse deriva do teor extremado de idealização de propósitos, expresso no discurso daqueles mais empenhados no projeto. Seria talvez analiticamente insuficiente atribuir esta característica à necessidade de racionalização e sublimação dos interesses de classe, algo muito próprio do discurso liberal. É preciso dar importância equivalente ao fato de que, no caso da intelectualidade liberal comprometida com o projeto, a coincidência entre a proposição de objetivos e a defesa dos interesses, certamente existente, passa pelo confronto com as oligarquias dominantes e por uma relação complicada com o poder, que se constrói ora por acordos estabelecidos à revelia de princípios, ora por confrontos em que a defesa intransigente de princípios aparece como marca de superioridade intelectual e moral. Para não simplificar a trama ideológica, seria conveniente mencionar as ideias gerais considerando-as em primeiro lugar no seu momento afirmativo, aquele em que se enfatiza a prioridade da educação (e sobretudo da universidade) no horizonte de reordenação política da sociedade.

Tais ideias aparecem sempre melhor articuladas nos textos de Fernando de Azevedo, como, por exemplo, o "Inquérito sobre a Instrução Pública em São Paulo", de 1926. Acompanhando a análise de Irene Cardoso, vemos que é possível destacar aí pelo menos cinco pontos:[2]

1. O Estado é o principal, senão mesmo o único responsável pela educação, sobretudo a de nível superior. Na década de 1920, a questão escola pública *versus* escola privada certamente não se colocava como um debate importante, tal como acontece nos nossos dias. Mas não deixa de ser digno de nota a afirmação do caráter público da educação por parte de liberais. O aprimoramento da educação se faz por via de uma convocação, que os cidadãos dirigem ao poder público, para que este assuma de forma mais efetiva e racional a sua responsabilidade. Certamente, mesclada ao caráter cívico de que se reveste esta posição, está também a ideia de que a pluralidade de concepções e diretrizes, inevitável numa situação em que o Estado compartilhasse com a iniciativa privada a responsabilidade pela educação, prejudicaria a unidade de um projeto político-educacional. Em sentido semelhante são criticadas as variações e adaptações que ocorrem no plano educacional, mais sujeito aos caprichos da pequena política do que a uma orientação firmada em critérios tecnopedagógicos, que só poderia existir se a educação fosse pensada como projeto fundamentado e de longo alcance, a salvo das injunções de grupos e partidos.

---

2. CARDOSO, Irene, *A Universidade da Comunhão Paulista*, Cortez, São Paulo, 1982, pp 28 ss. Todas as citações são tiradas deste livro, no qual estão também calcadas as análises e os comentários que faço no meu texto.

2. Nem por isso a educação estaria, contudo, desvinculada da política. Pelo contrário, liberada da pequena política, que expressa tão somente a ambição de pessoas ou de partidos, poderia a educação, concretizada num sistema coerente e sólido de ensino, transformar-se num "maravilhoso instrumento político de coesão".[3] Se a educação apresenta um quadro desconexo, que reflete a ausência de um projeto político mais amplo em todos os setores da vida nacional, somente a elite "educada" segundo os padrões cívicos, morais e intelectuais próprios do liberalismo poderá articular a coesão política a partir de critérios mais elevados do que aqueles que ordinariamente servem aos interesses imediatos dos partidos. A educação precisa, pois, estar acima da política partidária para exercer verdadeira influência política nos destinos da nação. A feição idealista de um discurso como esse tem duas faces: em primeiro lugar, a falsa abstração, isto é, a colocação dos "interesses nacionais" nas alturas de um mundo suprassensível faz com que o cuidado desses intereses só possa ser exercido pelos portadores das virtudes morais, cívicas e intelectuais que os liberais atribuem a si próprios, e que desejam transmitir às "elites" de cuja formação pretendem se encarregar. Em segundo lugar está a ideia, que o correr dos tempos tornou ingênua ou esdrúxula, de que o governante será tanto mais *político* quanto mais consiga ver, de uma perspectiva superior (que seria verdadeiramente a perspectiva política) os problemas técnicos que os governos devem resolver, e, a partir dessa posição, imprimir diretrizes políticas que orientarão as soluções técnicas. Daí a ideia de que a universidade somente formará esse dirigente "de elite" se não estiver totalmente voltada para a profissionalização. A formação do dirigente político não pode ser a formação do profissional. Não há de ser o "profissional liberal" que dirigirá o país, mas o liberal não profissional.

3. E há um motivo para isso. O papel civilizador desse governante idealizado exclui que ele seja apenas treinado para exercer

---

3. AZEVEDO, F., *A Educação Pública em São Paulo — Problemas e Discussões*, citado em CARDOSO, I., ob. cit., p 29.

certas habilidades, a partir de informações que receberia, em variados graus de especialização. A elevada posição que lhe confere a sua função política é inseparável da "força criadora", sem a qual não poderá desempenhar o papel de imprimir à nação os rumos civilizatórios. Essa ideia repercute diretamente na proposta de universidade que está neste momento sendo gestada. A universidade não pode ser apenas transmissora de saber, mas deve também elaborá-lo. Somente quando elabora, desenvolve e transmite conhecimento a universidade pode ser considerada um "organismo vivo", constantemente sensível à sociedade em que está inserida, não só para satisfazer necessidades imediatas mas principalmente para dirigir a evolução social em todos os aspectos, o que está em consonância com a ideia de que as elites bem formadas compreendem as necessidades do povo melhor do que o próprio povo. Para cumprir essa "função superior e inalienável", a universidade será, essencialmente, um centro de alta cultura, em que o cultivo do saber desvinculado dos interesses imediatos terá um lugar destacado, que será a Faculdade de Filosofia, Ciências e Letras.

4. Por isso mesmo, no conjunto do sistema educacional, inegável predominância é atribuída à universidade. Assim o exige a concepção da necessidade, da superioridade e do caráter diretor das elites. "[...] a marca das civilizações não é dada pela amplitude da educação popular, mas pela força das elites dirigentes."[4] Essa confluência entre um idealismo filosófico-histórico e a função política da universidade é que dá o tom característico desse projeto modernizante. Sendo a educação pública, o caráter democrático do processo de recrutamento das futuras elites estaria como que automaticamente assegurado. Não mais haveria a constante reprodução das oligarquias porque, por meio da educação universitária, a barreira das classes sociais seria vencida, qualquer um podendo ascender à condição de membro da elite pela demonstração de mérito. O encontro entre a universidade pública e a vocação é a condição para que o indivíduo

---

4. CARDOSO, I., ob. cit., p 30.

transponha, de imediato, todos os obstáculos de uma sociedade dividida. Vistas as coisas dessa maneira, a universidade cumpre função política em dois níveis: permite a compatibilização entre elite e democracia; e recruta, na totalidade do espectro social, para formá-los segundo os mais afinados padrões de saber e discernimento, os futuros membros da elite dirigente.

5. Como nem todos serão recrutados, cumpre pensar também na educação daqueles que permanecerão nos níveis das massas e das classes médias. No Estado moderno o direito à instrução foi universalizado, e ele de fato é necessário, até para que o direito universal do voto possa ser exercido com efetividade. É preciso, portanto, estender o direito à educação a toda a sociedade, mas na justa medida, para que a coerência do todo faça ressaltar as diferenças, cuja anulação é fictício pretender. Assim, após as elites, com acesso à universidade, estão as classes médias, "elemento assimilador e propagador de correntes de ideias e de opinião", que Fernando de Azevedo considera imprescindível para a subsistência e desenvolvimento de uma democracia. Às classes médias corresponderia o ensino médio, isto é, secundário, que é suficiente para a *disseminação* do saber *elaborado* na universidade. E finalmente as massas, para as quais o curso primário cumpre a função de inserção da parte na totalidade harmônica e funcional. A correspondência entre proposta educacional e concepção de divisão social é extremamente reveladora, e está em acordo com o teor idealista que permeia a definição da função política da educação. As classes sociais são fixas como categorias; mas isto não impede a democracia, desde que a mobilidade seja pensada em função do mérito, visto como o único fator de acesso à camada da elite, sempre aberta e receptiva à capacidade e ao valor.

Os pontos acima arrolados evidenciam a relação íntima entre educação e sociedade presente no projeto dos liberais ilustrados. Não apenas devido à mencionada correspondência entre projeto educativo e concepção da sociedade, mas também porque esse projeto é visto como a única maneira de reverter o processo de degradação política que se expressa na "crise das oligarquias".

A educação não deve ser vista como um elemento entre outros numa sociedade democrática. Ela tem que ser vista como procedimento construtor da democracia, e é isto que estaria faltando na visão dos governos. Já que a democracia é o governo do povo pelas elites ilustradas, e não o governo do povo pelo povo, definição imprecisa e precipitada, além de irrealista, é preciso que São Paulo, isto é, a ilustração paulista, marche mais uma vez para cumprir o seu destino pioneiro, mostrando com palavras e ações os caminhos para a solução dos grandes problemas nacionais. Como, dentre estes, nenhum excede em importância e profundidade o da educação, será o projeto da Universidade de São Paulo o passo decisivo nesta primeira investida modernizadora.

III

No entanto, os liberais ilustrados têm de se haver com os procedimentos autoritários característicos do Governo Provisório, instalado em 1930. Isto os coloca, durante certo tempo, na posição de ambiguidade em que se manterão até 1932. Para compreender, deste ponto de vista, o quadro político no contexto imediatamente anterior à fundação da USP, é útil referirmo-nos ao modo como o jornal *O Estado de S. Paulo*, polo aglutinador do grupo, se comporta em relação ao Decreto do Governo Provisório de 1931 que regulamenta o ensino universitário no Brasil.[5] Levando em conta as preocupações do grupo, já tão veementemente expostas publicamente, como vimos acima, seria de se esperar um noticiário farto e amplamente analítico, para o que não faltariam no jornal pessoas altamente abalizadas; mais do que isto, seria de se esperar ainda forte reação e oposição aberta a tudo aquilo que, no Decreto, contrariava os princípios e as expectativas do grupo acerca do que deveria ser uma universidade. Mesmo porque elementos deste teor estavam abundantemente presentes na regulamentação oficial, em todos os níveis, o que mostra as notáveis diferenças entre as regras que o

---

5. Acerca disto, cf. CARDOSO, I., ob. cit., pp 95 ss.

governo autoritário da época ditou e o que preconizava o grupo liberal congregado em torno d' *O Estado*. Para citar apenas alguns poucos exemplos destas diferenças, podemos assinalar que a regulamentação do governo era, obviamente, centralizadora, criando mecanismos de controle federal sobre todas as instituições universitárias, a ponto de provocar sérias dúvidas acerca da viabilidade efetiva de uma universidade estadual. Acrescente-se a isso restrições explícitas no que concerne à autonomia universitária, que o governo entendia dever ser "conquistada" ao longo de um processo de maturação institucional e não imediatamente concedida. Do ponto de vista da organização institucional, sobressaía no Decreto a existência de uma Faculdade de Educação, Ciências e Letras, fundada na ideia de que se deveriam ajustar mutuamente os objetivos de cultivo do saber teórico (ciências básicas) com a necessidade urgente de formar professores para o ensino secundário e superior. Nesse caso, é notória a disparidade na compreensão da função política do instituto medular: o grupo liberal entendia essa função em estrita conexão com o perfil de uma Faculdade de Filosofia, Ciências e Letras, mesmo porque se previa um Instituto de Educação para desempenhar sua função específica. Ainda que uma Faculdade de Filosofia *pudesse* e mesmo *devesse* formar professores, isto não poderia, como vimos, sobrepor-se à sua outra função, esta sim, "inalienável", do preparo das classes dirigentes.

Pois bem, mesmo diante de todas essas diferenças, *O Estado* praticamente silenciou diante do Decreto, limitando-se ao noticiário convencional, sem maiores destaques, seja para atacar os muitos pontos divergentes, seja para enaltecer os poucos pontos comuns. Apenas o desenrolar histórico posterior esclarece esse comportamento aparentemente insólito. Fora do poder, o grupo assume posição olimpicamente acima das querelas partidárias e dos interesses particulares ou setoriais. Não entra em confronto direto com o governo para melhor oferecer prova de que se mantém equidistante, pronto a aplaudir, pronto a condenar, mas segundo critérios que decorram objetivamente "dos mais altos interesses da nação", como só o jornal sabe interpretá-

-los. Até mesmo a ditadura pode ser boa, desde que "bem intencionada e provisória", pois o autoritarismo do Decreto pode vir a resolver problemas urgentes. Enfim, é como se qualquer sistema pudesse ser aceitável, desde que os homens possuam reta intenção. Mas de qualquer maneira, enquanto não se está no poder, e portanto não se tem condições de controlar aquilo que vai sendo implantado, melhor calar, para que o consentimento que daí decorra não se confunda com adesão explícita. Isso não impede que se façam comentários gerais acerca das iniciativas educacionais do governo, que na época proliferam, todas afetadas dos mesmos vícios básicos derivados da obsessão centralizadora, no entender do jornal. Embora o tom crítico seja por vezes acentuado, não se abre polêmica acerca de um problema particular, mas da maior importância no ideário do grupo, o da concepção de universidade. O que isso parece indicar é que a discussão de projetos educacionais estaria, pelo menos nesse momento, subordinada a interesses políticos mais gerais, vinculados à citada ambiguidade desse grupo liberal no estabelecimento e manutenção de relações com o governo autoritário. Há um jogo de aproximação e distanciamento cujos lances, embora envolvendo o problema da educação e da cultura, são de muito maior alcance, tanto naquilo que os jogadores podem perder quanto naquilo que podem ganhar. E isso estará demonstrado pela própria circunstância da fundação da USP. O momento propício para o grande passo cultural e educacional coincide com o momento político em que o representante do grupo liberal congregado em torno d'*O Estado*, Armando de Salles Oliveira, assume a interventoria de São Paulo, isto é, o momento em que os liberais desfrutam de uma fatia do poder autoritário.

Dessa maneira fica clara a estreita vinculação, senão mesmo a subordinação, do projeto educacional ao projeto político. Ao fim e ao cabo, estas observações servem apenas para nos predispor a ver como efetivamente esdrúxulas as interpretações que vinculam a fundação a um projeto educacional considerado como autônomo em relação ao jogo político que então ocorria. Se um projeto educacional está sempre vinculado a um projeto político, essa tese geral se torna ainda mais evidente quando o projeto educacional é elaborado por um grupo que tem ambições de poder, ainda que, para a época, singularmente fundadas nos critérios "modernos" de racionalidade, competência e amplitude cultural.

Creio, no entanto, que o mais importante a assinalar a propósito do que se descreveu acima, é que a Universidade de São Paulo, mesmo antes de sua fundação, nos últimos períodos de gestação de seu projeto, já se encontra, por assim dizer, numa situação de cruzamento histórico entre dois tempos, o que se repetirá muitas vezes, a ponto de se poder dizer que se trata de uma marca da Universidade. A discrepância, já apontada entre a concepção de universidade dos gestores do governo em 1931 e a ideia subjacente ao projeto da Universidade de São Paulo, mostra que esta nascerá fora dos padrões requeridos pelo tempo histórico, notadamente fora das predeterminações conceituais de uma concepção autoritária em matéria de educação e de política. É claro que a concepção liberal de universidade foi concebida, nos moldes particulares em que foi adaptada ao nosso país, segundo interesses políticos determinados. Mas a extemporaneidade da Universidade também provocou a transformação dessas determinações, operando um divórcio entre a causa e os efeitos, do que é testemunha eloquente o perfil de universidade crítica que acabou prevalecendo na prática.[6] Isso não quer dizer de forma alguma que a Universidade possa escapar, por vocação, ao assédio das ideologias, mas sim que ela pôde, até há bem pouco tempo, fugir de um estrito ajustamento às determinações históricas.

O confronto político entre os liberais e o Governo Provisório, que vai se tornando rapidamente inevitável, transparece, no nível da política educacional e mais particularmente no que se refere a concepções de universidade, no manifesto redigido por

---

6. A este respeito cf. CARDOSO, I., *Apresentação da Universidade de São Paulo*, catálogo da USP, EDUSP, São Paulo, 1996, p 4.

Fernando de Azevedo e assinado por muitas figuras importantes do meio intelectual e educacional. Há dois aspectos a relevar quanto às discrepâncias em relação às iniciativas do governo federal. Em primeiro lugar, e como sempre ocorre nos documentos do grupo, são apontados o empirismo e a improvisação que caracterizam as reformas do governo, bem como a principal causa destas insuficiências, qual seja a recusa das autoridades em ouvir aqueles educadores que, orientando-se para horizontes mais amplos e a partir de uma fundamentação mais consistente, poderiam conferir aos planos educacionais uma articulação mais completa e um alcance mais sistemático, organizando um projeto verdadeiramente transformador e à altura das solicitações históricas da época. Como, em vez disto, o governo opta por organizar pacotes de medidas insuficientemente respaldadas no plano técnico e vulneráveis à interferência de grupos de pressão, o resultado é via de regra medíocre, representando inclusive um atraso em relação às iniciativas promissoras que teriam vindo à luz na década de 1920 e que a revolução de 1930 não soube aproveitar. No nível das propostas contidas no plano governamental, os liberais notam, além do costumeiro centralismo, que contraria as tendências modernas e a própria ideia federativa, a transigência em princípios que deveriam estar acima de qualquer negociação, como o enfraquecimento do monopólio estatal da educação, a instituição do ensino religioso, em ambos os casos para contentar a Igreja Católica, além de uma ideia primária de unidade que, a pretexto de salvaguardar a coesão nacional, impõe ao sistema de ensino uma uniformidade manifestamente incompatível com um país marcado por significativas diferenças regionais.

A iniciativa do Manifesto justifica-se portanto pelo dever cívico de oferecer à nação uma peça coerente, coesa, sistemática, solidamente fundamentada e susceptível de se transformar num instrumento eficiente para a reconstrução nacional, uma vez que a educação é o sustentáculo da democracia. O que se destaca, entre outras coisas, é a reivindicação de uma ampla autonomia para o setor educacional, com a finalidade de resguardá-lo dos interesses partidários e de manter a primazia da competência técnica no gerenciamento do sistema. É claro que essa autonomia implica descentralização, notadamente a possibilidade de que os Estados venham a organizar suas universidades a partir de critérios significativamente distintos das regras elencadas no decreto de 1931. O cruzamento entre o educacional e o político adquire suficiente grau de nitidez quando se distingue o substrato ideológico do discurso que os liberais contrapõem ao projeto do governo autoritário:

"Os pontos considerados, autonomia da função educacional e descentralização, opõem-se claramente aos defendidos pelas iniciativas federais em matéria de educação [...]. Por outro lado, revelam-se como de fundamental importância, quando se tem em mente a possibilidade de criação de uma universidade em São Paulo, nos moldes em que era projetada, como uma universidade paulista e como uma universidade da Comunhão."[7]

Mas esse *desideratum* ligado à autonomia de São Paulo não se esgota obviamente na reivindicação de uma independência relativa e regional. O eixo político da reconstrução educacional é a reconstrução da nacionalidade, segundo o ideário da ilustração paulista. Por isso, os temas que aparecem na discussão são tratados deliberadamente de forma ampla, não só porque assim o exige a dimensão "filosófica" do debate, que os paulistas querem impor à burocracia federal, mas também porque esta amplitude está inscrita na própria dimensão de um projeto de hegemonia.

Como exemplo dessa atitude, pode servir a conferência pronunciada por Fernando de Azevedo em fins de 1932, "O Estado e a Educação". O autor procura justificar a responsabilidade hegemônica pela educação por parte do Estado argumentando que a evolução histórica do Estado na modernidade se tem caracterizado pela progressiva transferência para este de atribuições antes desempenhadas por outras instâncias sociais, no caso da educação, notadamente a família. Esse processo histórico tem suscitado desconfianças e, na verdade, há razões para isso. Quando

---

7. CARDOSO, I., *A Universidade da Comunhão Paulista*, ob. cit., p 113.

o Estado se torna presa de grupos que o utilizam para promover seus próprios interesses, ocorre a subordinação a uma representação parcial dos interesses sociais e políticos. Essa é a tendência para confundir o "público" com um conjunto de aspirações próprias de uma determinada facção social. Isso se deve a que o Estado, em muitos casos, ainda não se organizou para desempenhar as suas funções a partir da universalidade requerida pela distinção entre interesse geral e interesse particular. Mas quando a esfera pública é concebida e coordenada de acordo com as finalidades gerais, por meio de procedimentos marcados pelo pluralismo, pela variedade e pela harmonia dos fins particulares, então todas as atividades públicas como que fluirão da "força coordenadora e reguladora do Estado", o que significa pôr em acordo todas as necessidades de todos os grupos sociais.

Para que isso ocorra, no entanto, é necessário que o Estado seja pensado de acordo com uma estrutura social piramidal: o Estado, isto é, *as elites governantes*, formam o ápice, e na base "fremem as massas", em relação às quais a ideia de autogoverno é totalmente descabida. Mas, no seio dessas massas, submetidas à educação, surgem, no modo de uma diferenciação dinâmica, as minorias que deverão governar. O que impede que tais minorias se instalem permanentemente como classe dominante é a "contínua renovação", fruto da seleção operada por meio dos sucessivos degraus da educação. A ideia que transparece aqui é a de que a substituição dos membros das classes dominantes impede que elas se consolidem como dominantes. Como a educação é o que garante o contínuo afluxo às posições dirigentes, o sistema escolar não pode ficar à mercê de interesses de facções, que tomem elas próprias o governo do sistema ou que imponham ao Estado a satisfação de seus interesses particulares. Somente o Estado, liberto de tais injunções e tecnicamente aparelhado para desempenhar as suas funções, pode evitar a transformação da educação em instrumento de poder político.

Daí a importância da uma universidade pensada em consonância com essa concepção das relações entre Estado e sociedade. Pois é a universidade que formará o dirigente esclarecido, capaz de pensar e gerir o Estado a partir do "interesse geral", que torna a vida democrática algo concreto e viável. Mesmo levando em conta o mascaramento ideológico, impressiona sobremaneira essa crença no poder da educação, e sobretudo na educação guiada por parâmetros generalistas e desinteressados, que é aquela que recebem os que se qualificam para integrar as elites. O grau extremo a que chega esta intelectualização da política é que permite projetar esse equilíbrio praticamente divino entre poder e saber, como se conhecimento, moral e política pudessem se recobrir perfeitamente. A confiar nos discursos, quase se poderia dizer que Platão não esperaria mais do sistema educacional da República do que esperavam os Mesquita da Faculdade de Filosofia, Ciências e Letras da USP.

IV

Ao traduzir a concessão getulista em aceitar a sugestão dos liberais paulistas para que Armando de Salles Oliveira fosse nomeado interventor no Estado, devida unicamente à intenção do governo autoritário de estender sua base de apoio comprometendo segmentos da oposição, em vitória da razão e da liberdade, da ponderação e da competência, do respeito devido a São Paulo, como se as qualidades pessoais do interventor — entre as quais a maior era certamente a de fazer parte do grupo d'*O Estado* —, pudessem anular os princípios autoritários com os quais teria de comungar no desempenho de suas funções, os liberais procuram legitimar a adesão ao poder e justificar a situação de compromisso, transformando um episódio de adesismo político num passo significativo para a realização dos grandes objetivos que vinham eloquentemente pregando. Veremos na sequência dos desdobramentos dessa participação no poder autoritário a manifestação reiterada do vezo liberal de assumir o autoritarismo como modalidade natural de reagir ao autoritarismo dos outros, reservando para o seu próprio exercício autoritário a justificativa de defesa dos "interesses gerais". O fato é que somente essa participação no poder propiciou ao liberalismo ilustrado as condições de implementação do projeto de universidade.

Não surpreende, pois, encontrar na redação do Decreto de fundação da USP as mesmas ideias e o mesmo tom retórico dos textos em que batalhavam pela instauração da universidade paulista. Mas há de se levar em conta, todavia, que, vistas a partir de hoje, isto é, da indigência e do amoralismo do liberalismo que sofremos na atualidade, certas pérolas daquela retórica possam até afigurar-se como dignas de nossa ambição. Assim, por exemplo, quanto ao que reza o Decreto no que se refere à responsabilidade do Estado pela educação:

"É dever do Estado incentivar e fomentar o espírito científico, de pesquisa e de produção original, abrindo todas as possibilidades para o máximo desenvolvimento e utilização das vocações científicas e aperfeiçoando os recursos de expansão cultural, para que o ensino seja cada vez mais eficaz e as investigações contribuam para o progresso da ciência."

Ou então, quando o texto do Decreto retoma as ideias insistentemente repetidas acerca do papel da Faculdade de Filosofia, Ciências e Letras:

"[...] estudo desinteressado das questões que pairam nas altas esferas, que não podem atingir todos os cérebros, questões e problemas estes *que entrosam diretamente com a orientação mental — portanto política e econômica — que deve seguir o país*" [grifos meus].[8]

Nota-se a confluência daquilo que o Estado deve promover em termos de educação superior, ou seja, fazer expandir a cultura e fazer progredir a ciência através do fomento do espírito de investigação e de produção *original*, com a concepção de um ensino "realmente universitário", que se imagina voltado para as grandes questões, que os idealizadores da USP acreditam pairar "nas altas esferas", mas que, ainda assim, "entrosam diretamente" com a orientação política e econômica que deve seguir

---

8. Textos citados por CARDOSO, I., *A Universidade da Comunhão Paulista*, ob. cit., p 123.

o país. Seria certamente notável o que uma análise mais acurada, que aqui não faço por falta de competência, poderia encontrar nesse tipo de discurso, em termos de uma dialética entre o elemento ideológico-regressivo, ligado ao esforço de uma classe para construir a justificativa racionalizadora do monopólio do poder, e o elemento civilizador-emancipatório, e mesmo liberador, contido na letra das propostas. Ou será isso uma ilusão proveniente da ótica de quem se situa na fase do liberalismo bárbaro incentivador do capitalismo predatório?

O fato é que a participação no poder, sobretudo nas circunstâncias do perído pós-revolução de 32, teve consequências para a conduta política e para a imagem autoconstituída do grupo de liberais paulistas que idealizou a Universidade de São Paulo. É importante pensar a fundação da Universidade no contexto daquela atualidade, mais do que a partir das reconstituições posteriores, mesmo que feitas pelos próprios protagonistas, já que a simples mudança na ênfase dos fatores determinantes — sem mencionar as reinterpretações mais profundas e desviantes — tende a distorcer a compreensão do processo.[9] As racionalizações idealizantes da vontade de poder político possuem um alcance incalculável, e a análise nestes casos sempre corre o risco da simplificação no julgamento dos resultados da correlação de forças. Para o propósito deste texto, no entanto, basta mencionar que o projeto de fundação da USP, elaborado pelo grupo liberal paulista, teve como condição de sua implementação a aliança deste grupo com o governo autoritário, o que não pôde deixar de repercutir no próprio projeto, em termos da continuidade imediata de sua realização. Não é possível ignorar a proximidade entre 1934 e 1937, isto é, entre a fundação da Universidade, sob o Governo Provisório, e o advento do Estado Novo.

Alfredo Bosi fala, a propósito, que "não convém subestimar

---

9. Acerca deste aspecto são particularmente argutas e de largo alcance as análises de Irene Cardoso, no livro já citado, *A Universidade da Comunhão Paulista*, principalmente na Apresentação, no capítulo 1 da Parte I, no capítulo 4 da Parte II e no capítulo 5 da Parte III.

a força real das determinações de origem. Elas pesam e resistem no centro da instituição [...]".[10] A questão difícil e delicada é conceder os pesos respectivos a essas determinações e ao movimento histórico que se lhes seguiu, e no qual elas se inserem não como causas absolutas mas como um elo no encadeamento de outras determinações. De fato, essa duplicidade originária detém, a meu ver, um alto poder explicativo, e a ela podemos remeter a ambiguidade que caracteriza a inserção da Universidade no seu tempo histórico, algo que já mencionei. Se, de um lado, temos um projeto de institucionalização de um instrumento de poder, e neste sentido um objetivo autoritário, de outro temos também um projeto elaborado *contra* o autoritarismo dos então ocupantes do poder, o que se observa concretamente na oposição dos liberais aos procedimentos centralizadores das instâncias de poder, e que, evidentemente, é mais do que uma luta contra a burocracia. O fato de que foi preciso o surgimento de uma situação contraditória para que a USP fosse fundada, e o fato de que a aparente vitória dos liberais na caracterização da função política da universidade somente foi possibilitada pela situação contraditória, já indica a ambiguidade que depois se manifestará de muitas outras maneiras. Creio que será possível observar mais adiante que essa ambiguidade, ao mesmo tempo em que "salvou" a Universidade da completa subordinação às "determinações de origem", fez também com que ela se mantivesse sempre pelo menos alguns passos aquém do total rompimento com essas determinações.

A história imediatamente posterior à fundação já nos revela que a aliança dos liberais com o governo autoritário tem como uma de suas primeiras consequências a reinterpretação autoritária, por parte desses mesmos liberais, das ideias propagadas na campanha pela fundação e registradas no próprio ato fundador. A educação é procedimento construtor da democracia; a educação superior tem como finalidade formar as elites dirigentes

---

10. BOSI, A., *Uma Crônica das Origens*, Prefácio do livro de Irene Cardoso, p 15.

desta democracia; a relação entre universidade e democracia é, portanto, interna e constituinte. Logo, cumpre à universidade defender a democracia da investida dos totalitarismos, em especial do comunismo. Eis porque a liberdade de pensamento possui necessariamente limites, precisamente para que essa liberdade não chegue ao ponto de destruir-se a si própria, ao esposar o dogmatismo político totalitário. É preciso então adjudicar à liberdade de pensamento um predicado disciplinador, para que o seu exercício não resulte em autoaniquilamento. Antes que sobrevenha a *violência* do totalitarismo, que é a morte do pensamento, é necessário que se estabeleça a *força* do esclarecimento, que é a condição de continuidade do pensamento livre. Em última análise, não basta mais a elite pensante, armada da razão; mas é preciso que a razão da elite esteja ela própria armada, para proteger a razão da "anarquia mental" e da instabilidade fruto de uma liberdade sem freios.

"A Comunhão armada é a negação do estado-maior intelectual. O cérebro fortemente armado dispõe fundamentalmente da força para a imposição do seu projeto. A razão por si só não é capaz de se impor. Precisa estar armada."[11]

Essa inevitável encampação do autoritarismo, inclusive como restrição da liberdade de pensamento, dentro da Universidade, permanece sendo objeto de reiteradas justificativas, no âmbito de uma cruzada anticomunista. Pelo menos até que o feitiço se volte contra o feiticeiro: em 1940 ocorre a invasão d'*O Estado* pelas forças de segurança. E então os liberais voltam a lembrar-se do liberalismo.

É preciso dizer, todavia, inclusive para a compreensão de diferenças que se estabelecerão posteriormente, que a cruzada anticomunista não significa um alinhamento incondicional com as lideranças do "mundo livre", sobretudo com os Estados Unidos. Na imagem ideologizada, idealizada e algo megalômana que os liberais ilustrados tinham de si próprios, a defesa dos valores capitalistas se expressava como defesa dos valores universais da

---

11. CARDOSO, I., *A Universidade da Comunhão Paulista*, ob. cit., p 183.

razão e da liberdade e a crença num poder de interferência real na preservação desses ideais sustentava a passagem da simples militância intelectual ao apoio explícito da ditadura, desde que houvesse alguma participação dos liberais nesse poder ditatorial, que eles julgavam poder moderar pela simples força das ideias que defendiam, alicerçadas numa complicada e pouco coerente aliança da força com a democracia. Dessa maneira, era que se justificava o autoritarismo e mesmo a repressão dentro da universidade, pois o que estava em jogo era nada menos do que a razão e a liberdade, valores dos quais a universidade não poderia afastar-se sob pena de descaracterizar-se inteiramente. Vai a propósito lembrar que a defesa da "universidade livre" serviu como bandeira para que muitos professores aceitassem e justificassem a repressão a partir de 1964.

V

Se analisarmos as propostas implicadas na fundação da USP, em 1934, comparando-as com o que existia no Brasil em termos de Escola Superior, naquela época, não há como negar o avanço que o projeto representava. A respeito da "limitação estrutural" que caracterizou o ensino superior brasileiro desde o Império até a Primeira República, diz Florestan Fernandes:

"A escola superior brasileira constituiu-se como uma escola de elites culturais, ralas e que apenas podiam (ou sentiam necessidade de) explorar o ensino superior em direções muito limitadas. Como a massa de conhecimentos procedia do exterior e a sociedade só valorizava a formação de profissionais liberais, a escola superior tornou-se uma escola de elites, de ensino magistral e unifuncional: cabia-lhe ser uma escola de transmissão dogmática de conhecimentos nas áreas do saber técnico-profissional, valorizadas econômica, social e culturalmente pelos extratos dominantes de uma sociedade de castas e estamental."[12]

---

12. FERNANDES, F., *Balanço da Situação Atual do Ensino Superior*, in "Universidade Brasileira: Reforma ou Revolução", Alfa-Ômega, São Paulo, 1975, pp 51–2.

Esse perfil "bachaleresco" do ensino superior no país pode ser de alguma maneira resumido nas seguintes características: a formação superior entendida como signo de distinção social, o que acarretava rigidez, hierarquia e exclusivismo; a ideia do professor como agente de controle das novas gerações, papel assumido como espécie de carga simbólica inerente à posição; isolamento da sociedade; ausência de criatividade e inovação; dependência, para sua própria valorização, de critérios extrínsecos, tais como a dignidade que a sociedade conferia ao bacharel. Em todas essas características podem ser encontrados os traços da sociedade fechada a que serviam essas escolas, que eram marcadamente as de Medicina e Direito. A inserção social dessas escolas ocorria por via de seu isolamento. Esse aparente paradoxo pode ser explicado se pensarmos que, nas condições vigentes, a escola superior deveria ficar à margem da dinâmica social para melhor adaptar-se à reprodução da sociedade rigorosamente estamentada. Sendo o saber universitário apenas mais um rito que a elite devia cumprir como requisito social para ocupar as posições de poder, a instrução superior marcava muito mais a diferença de classe do que a superioridade intelectual. Esta, quando aparecia, e sobretudo se tomava contornos críticos, ocorria à margem do sistema escolar, eventualmente contra ele e era, nessas condições, socialmente reprimida. A escola superior, assim entendida, rapidamente se converteu num ídolo cultural, congelado e distante da realidade histórica, embora mantivesse e até mesmo aumentasse o prestígio social no decorrer do tempo, fenômeno de que a educação superior brasileira se ressente até os dias atuais. Essa situação não permitiu o desenvolvimento de um horizonte intelectual crítico, o que se refletiu na impossibilidade de uma análise da sociedade brasileira no contexto da civilização ocidental moderna e na falta de uma posição crítico-analítica frente às grandes opções históricas com que a humanidade se defronta na modernidade.

Ora, o projeto fundador da USP trazia, ainda que de forma enviezada, propostas de transformação dessa situação. Tanto é assim que, desde o princípio, as grandes escolas profissionais opuseram-se ao núcleo do projeto, que incidia precisamente sobre as mudanças na *formação* universitária, e que se concretizava na função da Faculdade de Filosofia, Ciências e Letras. Nesse ponto, Florestan aponta para uma vocação profundamente arraigada no ensino superior brasileiro, mas que podemos, creio, estender para toda a vida institucional do país. Trata-se da tendência para erigir a *patologia institucional* em *normalidade*. A consolidação dos interesses rapidamente torna habitual o que deveria ser aberrante, e o absurdo passa a ser aceito como corriqueiro e inevitável. Isso está certamente ligado à inexistência de um espaço público como lugar do cruzamento de *atitudes políticas*, no verdadeiro significado da expressão. Como a política sempre significou imposição, alianças ou confrontos de interesses alheios à dimensão pública, não se concebe o resgate de algo cuja perda não é sentida pela simples razão de que nunca existiu, exceto num pensamento acadêmico ou contestador que se desenvolveu sempre à margem da vida política institucionalizada. Essa é a razão pela qual a atual degradação do ensino básico é, *de fato*, vista e assumida como processo irreversível, quando todos sabem, *teoricamente*, que se trata de uma consequência de ações políticas deliberadas. O Congresso Nacional é outro exemplo de patologia assumida *de fato* como normalidade: o fisiologismo, o tráfico de influências, a ausência de discussão de ideias e até mesmo atitudes criminosas acabam aparecendo como componentes corriqueiros da "vida democrática".

Esse fator congênito mostrou-se mais forte do que as ideias transformadoras dos fundadores da USP. Florestan chama atenção para o fenômeno que se seguiu à tentativa de transformação. Uma vez posta a Faculdade de Filosofia, Ciências e Letras como *centro da Universidade*, em termos de proposta de formação acadêmica, tratou-se logo de esvaziá-la como *centro de poder universitário*, para que a transformação acadêmica não repercutisse num deslocamento de poder. As escolas profissionais ocuparam este centro por meio da conquista de posições estratégicas no Conselho Universitário e por via da escolha dos dirigentes da instituição. Isto fez com que a nova Universidade tivesse que se haver, desde o seu nascimento, com a velhice precoce que lhe queriam impor. Os controles institucionais estabelecidos desde o início procuraram enquadrar a FFCL numa organização universitária pensada para limitar a expansão do núcleo inovador. Esse propósito não foi realizado inteiramente nos quarenta anos que se seguiram à fundação, devido à ambiguidade do que denominamos antes, a partir de Bosi, as "determinações de origem". Se estas não estavam de fato desvinculadas de um esquema de hegemonia e de conquista de poder, por outro lado, para que estes mesmos objetivos pudessem ser atingidos, haveria que se inocular certo grau de radicalismo, que não poderia ser pequeno, nas condições da época, para que a instituição viesse a enfrentar, com alguma possibilidade de êxito, o conservadorismo da organização do ensino superior e de seus pressupostos políticos. Esse radicalismo foi, por assim dizer, concentrado na FFCL, de onde se esperava que ele se irradiasse para o conjunto da instituição, quebrando assim as resistências da patologia e do conservadorismo. O que aconteceu, no entanto, devido ao fator congênito de que se falou acima, foi uma forte oscilação da USP entre as opções crítica e conservadora, de modo que esse processo veio a manifestar, bem cedo, os sinais de isolamento a que seria conduzida a FFCL por causa do radicalismo implicado na sua proposta e na sua posição no conjunto de uma Universidade que não assumira de modo decisivo essa determinação originária. Quando a celebração do espírito livre, que presidira a origem no discurso dos fundadores, cedeu rapidamente lugar ao enquadramento e por vezes ao controle ostensivo, foi sem dúvida a FFCL que assumiu de forma mais nítida uma nova figura da racionalidade, a marginalidade, o situar-se à margem do seu tempo, que nunca foi a atitude geral da USP, embora se possa dizer que teria sido também uma de suas "determinações de origem". A marginalidade, ao não ser compartilhada por toda a Universidade, acabou aparecendo como uma marca, por vezes uma pecha, da Faculdade de Filosofia, Ciências e Letras. Essa localização do radicalismo no ponto que se constituía, bem ou mal, como o centro nervoso da Instituição, iniciou um processo que veio a calhar para o projeto regressivo das escolas profissionais: o do confinamento progressivo da FFCL, que somente não teve um percurso mais rápido e consequências mais imediatas devido à percepção, por parte das escolas profissionais e da administração superior da USP, da separação que a médio prazo viria a acontecer, e que colocaria o conjunto dos Institutos de Ciências Básicas como uma terceira força na determinação dos destinos da Universidade.

Não saberia dizer se a Universidade, no seu conjunto, e institucionalmente gerida pelos grupos conservadores oriundos das escolas profissionais, simplesmente diluiu o componente radical que fermentava no núcleo, ou se a própria FFCL, uma vez tendo que renunciar à irradiação das transformações, passou a concentrar todas as suas energias na tarefa de conservar-se radical, agora não apenas contra a oposição externa mas também contra o restante da Universidade — e sobretudo contra o poder universitário. Talvez a Faculdade não tenha tido sequer tempo para tomar essa decisão, o que só poderia ser feito, no caso da segunda alternativa, a partir de uma profunda reflexão acerca do projeto fundador, que viesse repor as funções da Faculdade e o seu lugar a partir de uma visão renovada da inserção histórica da universidade, calcada nas mudanças ocorridas em duas décadas. O fato é que, se havia um controle conservador antes de 1964, e a Universidade oscilava diante de suas opções históricas, o golpe consolidou esse controle, exacerbando-o ideologicamente ao mesmo tempo em que reduzia a questão de repensar a universidade a um equacionamento de reformas inspiradas nas pressões modernizadoras provindas dos Estados Unidos.

A partir de 1963, a USAID, que até então concentrara seus esforços no sentido de apoiar a educação básica, de acordo com as diretrizes da "Aliança para o Progresso", passou a preocupar-se com o ensino superior, por entender que uma das dificuldades a vencer para a melhoria geral da educação no país seria justamente a de formar educadores, ainda que isso implicasse em pensar de forma menos imediata o crescimento e aprimoramento de recursos humanos para o desenvolvimento da mão de obra, visto como requisito indispensável para o desenvolvimento da produção. É preciso notar a presença de motivação ideológica nas duas atitudes. Se antes, em relação ao ensino básico, era preciso desviar desde o início a formação educacional de possíveis direções coincidentes com o comunismo, agora, em relação ao ensino superior, via-se como necessário prever para as gerações vindouras educadores e dirigentes que mantivessem o país alinhado com o "mundo livre". *"The cold war is a battle for men's minds"*: a assistência ao ensino superior na América Latina apresentava-se como uma estratégia no tratamento do conflito americano-soviético.[13] Está claro que, depois do golpe de 1964 os consultores norte-americanos não apenas tiveram mais facilidades para desenvolver o seu trabalho como ainda passaram a ser solicitados com frequência pelos órgãos governamentais ligados ao planejamento e à educação. Com efeito, o primeiro Acordo MEC-USAID foi assinado em início de 1965 e o segundo em 1967, este já com o apoio consultivo, contratado pela USAID, do Consórcio de Universidades do Meio-Oeste: Indiana, Illinois, Wisconsin e Michigan. Não contente com uma equipe de tal envergadura, a Diretoria de Ensino Superior do MEC contratou, ainda em 1965, Rudolph P. Atcon para exercer a função de consultor e propor mudanças estruturais na organização e funcionamento das universidades brasileiras. Os textos de Atcon causam mais impacto do que os relatórios das comissões mistas de técnicos norte-americanos e brasileiros, efetuados no decorrer da vigência dos acordos. Talvez isso se deva a que Atcon não tinha seus relatórios submetidos à filtragem dos técnicos do MEC, nem se submetia a diretrizes prudenciais da USAID. A diretriz principal de Atcon era decididamente tecnocrata: a reforma da universidade deveria ser tratada como um assunto eminentemente técnico: "uma universidade autônoma é uma grande empresa, não uma repartição pública". Cumpre adotar padrões de racionalidade administrativa que consistiriam, por exemplo, em separar o planejamento da execução; aquele deve-

---

13. CUNHA, L.A., *A Universidade Reformanda*, Francisco Alves, São Paulo, 1988, pp 167 ss.

ria ser centralizado, esta poderia estar distribuída pelos institutos e departamentos, de acordo com as finalidades acadêmicas de cada um. Essa divisão traria o grande benefício de despolitizar as decisões, pois estas seriam tomadas na cúpula, pelo Conselho Universitário e por um Conselho de Curadores, para a formação do qual Atcon recomendava que se escolhessem "pessoas destacadas da comunidade", tais como industriais e banqueiros, mas também juristas e pessoas com projeção social, concedendo que nem todos os membros precisariam estar ligados ao "mundo financeiro", embora aí estivessem aqueles que poderiam colocar a experiência do sucesso a serviço do aprimoramento da universidade. Ainda na direção da racionalização de recursos está a proposta de um Centro de Estudos Gerais, que reuniria todas as disciplinas de ciência básica, humanidades, letras e educação, isto é, tudo aquilo que não demandasse o que Atcon entendia como formação especializada; espécie de *College*, com cursos mais curtos e mais baratos do que os profissionais, que poderiam absorver boa parte do contingente postulante, composta de pessoas sem condições de se tornarem profissionais. Menos geral, mas ainda assim congregando várias áreas do saber, teríamos o Centro Cibernético, composto por Direito, Ciências Sociais, Economia, Jornalismo e Administração. Vale a pena citar a justificativa da aglutinação, para marcar o talento profético do consultor: "[...] são todas atividades ligadas ao *controle social*, razão pela qual não seria de todo inconveniente agregá-las sob o rótulo de 'cibernética', a ciência dos sistemas de controle e governo sociais". Todas essas propostas, pretensamente marcadas pela isenção ideológica, pela racionalidade técnica e pela despolitização da universidade, visavam a instalação do modelo privado de gerenciamento, que Atcon via como a única alternativa possível ao emperramento burocrático da máquina estatal. Para ele,"autonomia universitária" significava liberdade em relação às regulamentações oficiais, com a contrapartida da subordinação das decisões a curadores representativos da comunidade, notadamente dos setores financeiro e industrial. Essas iniciativas modernizadoras foram bem recebidas, em primeiro lugar, obviamente, pelo governo, mas também por várias universidades brasileiras, entre as quais a PUC do Rio de Janeiro, as Universidades Federais de Santa Catarina, Espírito Santo, Rio Grande do Norte e Fluminense. A denominação "Centros", frequente na organização das universidades federais, tem sua origem no trabalho de Atcon. E as universidades que se estabeleceram ou se reorganizaram a partir de 1970 também assumiram esse modelo: é o caso das Federais da Paraíba e de Santa Maria, bem como a de São Carlos.

Esta descrição sumária do malfadado Relatório Atcon não visa apenas rememorar absurdos, ou mostrar como a obsessão da despolitização pode levar a que se tomem a sério episódios anedóticos, como a proposta do Centro Cibernético, o qual aliás, não foi adotado por nenhuma universidade, embora a Federal do Espírito Santo tenha se aproximado bastante do modelo. O objetivo aqui é mostrar que, qualquer que seja o teor de arbitrariedade contido nas propostas de Atcon, elas em boa parte vieram ao encontro de ideias que já estavam presentes nos escalões técnicos do MEC, no Conselho Federal de Educação e entre os dirigentes universitários.[14] O que aparecia com destaque nas análises de Atcon e de outros consultores era a necessidade de

---

14. Uma das mais significativas contribuições de CUNHA, L.A., foi, no meu entender, mostrar que os consultores norte-americanos não semearam em terra absolutamente virgem. Desde os anos 1950, senão antes, já havia sinais de uma vontade "modernizadora", ainda que as finalidades pensadas junto com esta modernização não coincidissem ideologicamente com os modelos norte-americanos. Exemplo deste amálgama interessante foi a Universidade de Brasília, na qual conviveram, por algum tempo, uma estrutura organizacional "moderna" no sentido norte-americano, e linhas de compromisso fortemente marcadas pelo propósito de transformação social. O que aconteceu a partir de 1964 foi uma absorção do modelo norte-americano num projeto mais amplo, que visava não apenas a modernização administrativa e organizacional, mas a reversão do paradigma crítico de universidade. Cf. CUNHA, L.A., ob. cit., p 166, e também todo o capítulo 4 em que o autor mostra as coincidências entre as expectativas de certos setores educacionais brasileiros e as propostas dos consultores norte-americanos.

adaptar a uma racionalidade técnica certas concepções que outrora haviam sido construídas por uma razão educativa contaminada de idealismo e incapaz de separar as instâncias técnico-educacionais das instâncias político-educacionais. Veja-se, por exemplo, a estrutura centro/departamentos: ela permite uma aglutinação de disciplinas em que a mesma atividade serve a múltiplos fins, principalmente quando se trata de um Centro de Estudos Gerais, em que as etapas básicas de vários cursos podem ser cumpridas num único lugar, impedindo assim a duplicação de meios. Como essas etapas são preliminares, parece haver, então, uma relação de complementariedade entre a formação geral e a formação especializada, no sentido profissional. Aqueles que não desejassem passar à segunda fase, e preferissem formar-se nas ciências básicas e nas humanidades, simplesmente teriam esse curso básico estendido um pouco mais, para justificar o diploma. Vê-se que o objetivo deste agrupamento disciplinar não era a interdisciplinaridade, mas a generalidade, concebida de duas maneiras: como etapa inicial da formação especializada, o que seria o seu papel principal; e como meio de contentar os postulantes à "cultura geral", humanística ou científica, incapazes de ou resistentes à profissionalização. Isso permite não apenas a economia de meios, como o controle centralizado da formação básica em todos os aspectos, além de propiciar também a redução do custo do aluno que não se destina à profissionalização, pois ele aproveitaria uma parte daquilo que os profissionais teriam integralmente: uns ficariam com a generalidade e outros com a generalidade e a especialização.

Ora, pensando numa estrutura como a da USP, essa proposta aparecia como uma espécie de "atualização" da Faculdade de Filosofia, Ciências e Letras. Aquilo que os liberais ilustrados chamavam de "saber desinteressado", as ciências básicas e as humanidades, tornava-se agora informação básica organizada, espécie de alfabetização superior, a partir da qual os estudantes escolheriam seus destinos profissionais. De núcleo gerador do ideário cultural universitário, a FFCL, devidamente atualizada e reorganizada, se transformaria no curso de admissão à universidade.

Essa instrumentalidade técnica de um curso básico compunha-se bem com os objetivos ideológicos dos governos autoritários, pois aquilo que, para os liberais fundadores, deveria ser a finalidade, isto é, a capacidade de refletir criticamente sobre a cultura e a política, transformava-se agora num verniz apressado, que o aluno receberia antes de passar às coisas realmente importantes. Para atingir a finalidade de colocar a universidade como formadora de recursos humanos para o desenvolvimento nacional seria preciso de um lado baratear a cultura propriamente universitária e, de outro, destituir a formação crítica da sua função central. Em termos de USP, isto significava destituir a FFCL da posição que ela ocupava no projeto fundador.

É preciso reconhecer que esta posição havia passado por significativas mudanças, após os anos 1930. A necessidade de idealizar a Faculdade de Filosofia para que ela pudesse assim servir a um projeto ideológico havia sido pensada pelos liberais ilustrados sem que provavelmente se dessem conta das contradições aí envolvidas. Quando essas contradições apareceram, o radicalismo crítico tomou um rumo diferente do previsto pelos fundadores, que evidentemente não podiam controlar o movimento histórico. A Faculdade acabou exercendo essa radicalidade crítica numa dimensão que abarcava o próprio projeto fundador, ou pelo menos os pressupostos ideológicos do projeto. Assim a Faculdade de Filosofia viu-se, a certa altura, senão desvinculada de suas origens, ao menos criticamente afastada delas. Como na origem também estava a sua *diferença* em relação à própria Universidade, diferença esta que veio crescendo através do tempo, a Faculdade acabou por assumir esta diferença como isolamento e oposição. Por seu lado, a Universidade, por via das grandes escolas e dos dirigentes superiores, passou a interpretar a diferença da FFCL como anomalia. De alguma maneira, as duas visões convergiam: a Faculdade foi levada a entender a sua diferença como oposição ao conjunto; e esta oposição, pelos problemas que gerava, foi vista pela Universidade como a presença de um componente anômalo no sistema, ideologicamente incômodo e funcionalmente perturbador. Creio que aí se encontra a origem da *anomia* que vivemos hoje.

VI

A USP, como boa parte das grandes universidades, não adotou o modelo do Instituto de Estudos Gerais preconizado por Atcon. As razões para isto foram várias e não creio que as de maior peso se referissem a uma oposição ideológica à concepção geral de universidade que se depreendia das propostas do consultor. Parece-me que o decisivo no resultado da reestruturação da USP foi a divisão de poder. Os departamentos de ciências básicas, agregados na FFCL, por força de uma relação perversa entre a dimensão da Faculdade e sua possibilidade de interferir no jogo do poder universitário, acabaram por concluir que não valeria a pena partilhar o destino da Faculdade, já marcado pelos sinais da passagem da anomalia à anomia. Foram então exacerbadas as dificuldades técnicas de se permanecer naquela configuração e montou-se, por acordo, uma estrutura em que as ciências básicas se dividiriam em Institutos, nos quais as disciplinas seriam aglutinadas de modo a respeitar o princípio da não duplicação de meios, e as escolas profissionais se serviriam dessas disciplinas nas diversas etapas de formação, principalmente no estágio básico. Isso representava a volta — ou a manutenção — da concepção de universidade como "conglomerado", para utilizar o termo de Florestan Fernandes.[15] De um ponto de vista geral, a reforma da USP mostra, antes de mais nada, a espantosa vulnerabilidade da instituição, expressa na total incapacidade de reinventar o projeto universitário, embarcando, assim, na mistificação de uma reforma que, apesar de pensada a partir de dentro

---

15. Cf. FERNANDES, F., *A Reestruturação da Universidade de São Paulo*, in "Universidade Brasileira: Reforma ou Revolução", ob cit., pp 175 ss. Trata-se de uma brilhante análise do "Relatório Ferri", texto da Comissão de Reestruturação da USP, que saiu em 1968. Remetemos ao texto de Florestan para uma visão mais pormenorizada e concreta dos problemas suscitados por essa reestruturação.

da USP, coincide em todos os pontos importantes com as pressões externas desintegradoras da ideia crítica de universidade. Há de se constatar, então que, mesmo sem estar subordinada às mesmas injunções legais por meio das quais o MEC podia interferir nas universidades federais, a USP optou por acompanhar de perto o modelo federal, inclusive nos pontos em que uma pretensa racionalidade de gestão e supostos critérios de aprimoramento organizacional encobrem escolhas doutrinais e ideológicas que incidem sobre o perfil histórico da instituição.

No relatório Atcon e, de maneira geral, nos textos dos consultores norte-americanos, o que predomina é a avaliação pragmática das mudanças propostas e as análises do modelo existente a partir de parâmetros de custo/benefício e de atendimento a necessidades imediatas de desenvolvimento. Por isso, não há como fugir a uma impressão de ridículo quando se vê que, no documento da reestruturação da USP, propostas muito semelhantes às dos americanos são precedidas por digressões filosofantes, em que a "ideia" de universidade, o "espírito" universitário, "racionalidade" criadora, e outras abstrações aparecem como condições primeiras da reestruturação, de tal modo que, no conjunto do documento, vêm a conviver inexplicavelmente Humboldt, Jaspers, Ortega y Gasset, com diretrizes do acordo MEC-USAID e com o ideário tecnicista de Atcon. Apesar do ridículo, tais digressões cumprem dois papéis, que não podem ser considerados de pouca importância. Em primeiro lugar, do ponto de vista estritamente técnico, as ideias gerais desempenham a função de amparar abstratamente propostas mal formuladas do ponto de vista concreto. Assim é que uma racionalidade integradora exercida por um certo "espírito" da universidade fica responsável pela tarefa de fazer de uma universidade conglomerada uma universidade integrada, sem que se precise mencionar os meios reais que permitirão passar de uma coisa a outra. Em segundo lugar, as abstrações cumprem uma função política, na medida em que dispensam os proponentes da reforma de uma análise da inserção da universidade na realidade histórica, eximindo-os de tratar a questão complexa da relação entre universidade como produto histórico e como instância crítica do movimento histórico. A universidade aparece como um lugar absoluto e um valor absoluto, o que é tanto mais paradoxal quanto esse absoluto é definido segundo os critérios do "espiritualismo liberal", em princípio anódino, e já por isto deslocado no contexto de uma sociedade complexa e contraditória, mas, mais do que isto, como instância superior capaz de dissolver os conflitos reais integrando-os numa estrutura transcendente e a-histórica.

A USP comprometeu-se prematura e atabalhoadamente com a onda das reformas. A questão é saber se as coisas poderiam ter ocorrido de outra forma. Em meados dos 1960, a USP, embora jovem, já possuía uma densidade razoável, e um acúmulo de experiência enriquecida sobremaneira pelas missões estrangeiras que vieram instalar os cursos. Em teoria, seria o momento de voltar-se reflexivamente sobre si mesma, reapossar-se de sua história, avaliar o passado e entender que o que já tinha consolidado poderia servir de apoio para enfrentar as escolhas do futuro. Na prática, o golpe de 64 colocou a Universidade diante de uma situação, inesperada ou não, em que ela se viu apanhada pelo movimento histórico, no torvelhinho da barbárie e da violência, na urgência das escolhas em que, no limite, até mesmo a alienação de sua autonomia podia aparecer como estratégia necessária à sobrevivência. Em todo caso, e isso é algo que ainda está por ser analisado com a profundidade requerida pelo assunto, no decorrer da discussão das reformas, algumas vezes as reivindicações de professores e estudantes estiveram inexplicavelmente próximas das propostas governamentais, ou de grupos comprometidos com o *statu quo*. A extinção da cátedra é um exemplo, mas há outros bem mais complicados, como a divisão da FFCL. Talvez o caráter conservador da modernização não aparecesse ainda com suficiente nitidez para todos os agentes envolvidos. Talvez o lugar da reflexão — a FFCL — já tivesse a essa altura perdido a radicalidade crítica, ou o poder de exercê-la de modo a alcançar a totalidade da Instituição. O certo é que a Reforma Universitária da USP provocou muito mais a *adaptação* da Instituição a um processo de modernização que ela ainda nem tivera tempo de pensar em todo o seu alcance, do que uma *transformação* da Universidade nascida de um movimento interno e orgânico de reconstituição de si mesma.[16]

Na apreciação do "Memorial Ferri", Florestan Fernandes, depois de criticar a indecisão das propostas, e a falta de um espírito radicalmente transformador, professa uma esperança, a de que as insuficiências da reforma proposta motivem um movimento de aprofundamento das mudanças — coisa que os conservadores teriam que aceitar como parte do processo histórico-social. Não saberia dizer se se trata de um otimismo encorajador ou se a afirmação é fruto da crença na inexorabilidade do processo histórico. Nesse último caso, há que se qualificar esse processo e detectar a sua direção. Visto a partir de hoje, ele não parece de forma alguma corresponder às expectativas de Florestan. Na sucessão de mudanças a que se tem submetido a Universidade, desde o período mais duro da ditadura militar até a nossa atualidade neoliberal, passando pela transição e pela Nova República, o que se vê é a constituição progressiva e cada vez mais firme de um processo de deterioração e de descaracterização, a pretexto de realinhar a universidade com a sua época. Há, no entanto, uma diferença inquietante. Se na década de 1960 existiam aqueles que, professando implícita ou explicitamente uma ideologia conservadora, procuravam de todas as maneiras

---

16. É possível pensar em *ruptura*, do ponto de vista institucional? O radicalismo da USP, que parece ter-se ocultado no processo de reforma, reapareceu por breve momento, de forma intensa e fulgurante, em 1968, quando a Universidade, na urgência da resistência à opressão, como que se reapossou de sua determinação radical, numa conjunção dramática entre o pensamento e a ação. Repensando-se, retomando-se, viveu a sua radicalidade com a intensidade e a rapidez com que a memória faz desfilar a vida no momento em que se está para morrer. A FFCL teve o seu destino nas mãos, mas nos últimos momentos de sua existência. Por isso a ruptura não teve consequência. Mas é verdade também que os herdeiros recusaram o legado, e a Faculdade de Filosofia, Letras e Ciências Humanas é a sobra, não a herança. Um pedaço tanto mais frágil quanto recusa, cada vez mais, a memória da integridade perdida. Mas este é outro pedaço da história.

frear qualquer processo de mudança, pondo-se até mesmo contra a modernização conservadora, por entenderem que a universidade deve manter-se fora do movimento histórico, com o advento da Nova República e sobretudo com o neoliberalismo, surgiram aqueles que, no interior da Universidade, apoiam e promovem as mudanças impostas em nome do progresso e da racionalização modernizadora, e assim contribuem para acelerar, de dentro da Instituição, o percurso desintegrador, cujo movimento foi, em tempos recentes, mais abertamente impulsionado pelos responsáveis pela educação. Cabe, portanto, tentar esclarecer essas duas causas dos mesmos efeitos: a forma como a Nova República e o neoliberalismo, fazendo-se neste ponto herdeiros da ditadura, aprofundaram e aceleraram o processo de desintegração da universidade, valendo-se para isto de estratégias, planos e técnicas mais eficientes do que os procedimentos institucionais dos governos autoritários; a concordância interna, por parte de professores (aqueles a quem repugna misturar-se com a "corporação"), da necessidade de mecanismos de controle que subordinem a totalidade do trabalho universitário a técnicas de gestão de produção, de índole cada vez mais privatista, o que significa a introjeção dos aspectos mais totalitários da racionalidade técnico-instrumental (avaliação e competição, por ex.) como sendo o modo "natural" e "sensato" de organizar o trabalho intelectual e a convivência universitária. Ao contrário do que esperava o professor Florestan, a falsa reforma não motivou a verdadeira. É claro que não se quer dizer aqui que haveria condições de conduzir qualquer discussão democrática acerca da Universidade após a promulgação do AI-5. O endurecimento do regime cortou qualquer possibilidade de manifestação, e o silêncio imposto à Universidade, com a conivência de suas próprias autoridades, impediu que de dentro dela se levantasse qualquer voz contestatória que pudesse contar com respaldo público-institucional. Mas é preciso reconhecer também que o advento da Nova República não propiciou a retomada — ou o início efetivo — das transformações projetadas em 68. O que aconteceu foi, pelo contrário, uma fortíssima inflexão tecnicista e economicista nas propostas, apresentadas agora sob a égide da democracia.

Exemplo privilegiado do surto "democrático" de reformismo tecnicista foi a atuação do GERES (Grupo Executivo para a Reformulação do Ensino Superior), instalado no MEC em março de 1986 e que apresentou seus resultados em setembro do mesmo ano. Talvez seja simplório dizer que, em tão curto espaço de tempo, dificilmente teria sido possível uma discussão ampla e conduzida de forma pluralista, algo que se fazia necessário tanto em função da complexidade do assunto quanto devido ao longo tempo de ausência de um debate público que permitisse a manifestação livre de todas as ideias. Isso na verdade não é o mais importante. O decisivo é que o governo e o próprio GERES não estavam efetivamente interessados num debate amplo, mas sim na imposição de diagnósticos que justificasem sugestões e propostas marcadas, no mínimo, pela unilateralidade da concepção de universidade. Foi a razão pela qual essa iniciativa, que em princípio deveria se opor ao centralismo autoritário dos governos ditatoriais, revestiu-se entretanto de teor muito semelhante.[17] Em primeiro lugar, há que se constatar o vício da forma: a prática de nomear comissões de notáveis para, a partir de um consenso obtido (ou confirmado) a portas fechadas, em pouco tempo apresentar análises e propostas de soluções para questões de grande relevância político-social. Assim procedia a ditadura, quando formava GTS, como o da Reforma Universitária, em 1968, que em cerca de trinta dias apresentou propostas de solução para todos os problemas da educação superior no país. A Nova República tentou disfarçar o autoritarismo reformista por via de uma estratégia mais perversa, que consistia no estabelecimento de

---

17. A respeito do assunto, cf. CARDOSO, I., *A Modernização da Universidade Brasileira e a Questão da Avaliação*, in MARTINS, C B (org.), "Ensino Superior Brasileiro: Transformações e Perspectivas", Brasiliense, São Paulo, 1989. Sigo de perto a análise que faz a autora desta peripécia infeliz que, no início da "redemocratização", já deixava claro, para quem soubesse ver, que o processo de desagregação do ensino público não seria revertido pelos governos "democráticos".

uma divisão, na comunidade universitária, entre os "competentes" de um lado, e, de outro, os "corporativistas", os "assembleístas", os "populistas", o "baixo clero", os "radicais", os "medíocres", os "imobilistas". Assim, se procurava justificar os pequenos grupos, sempre ligados ao governo, de sábios e competentes, únicos aptos para o exercício legítimo do poder acadêmico. O debate foi substituído pela desqualificação sumária dos opositores e a reflexão política apresentada como radicalismo inócuo frente à lógica da eficiência, que deveria guiar as propostas de mudança. O autoritarismo governamental soube servir-se muito bem de prepostos escolhidos dentro da própria comunidade, que se desincumbiam da tarefa de destituir os colegas da condição de sujeitos políticos capacitados para a discussão dos destinos da universidade. Foi nessas condições que se consolidou a concepção de "avaliação" até hoje vigente nos estratos de "competência técnica" da comunidade universitária, e que foi imposta por via da conjugação dessa competência com uma pretensa postura "neutra" e "apolítica". Desnecessário dizer que essas características eram apregoadas como as únicas compatíveis com o imperativo da "modernização". "Avaliação" e "modernização" tornaram-se então os mais eminentes critérios para a análise da questão da universidade.

Nunca será suficientemente enfatizado que a "avaliação" proposta a partir desse contexto nasceu sob o signo da lógica da eficiência, profundamente marcada pelo propósito excludente em relação a todos os que se mostrassem renitentes quanto à sua aceitação como único parâmetro de juízo acerca do trabalho universitário. A complexidade do problema concernente à relação entre autonomia e avaliação nunca chegou a intimidar os defensores da modernização. A questão foi posta em termos de uma extensão semântico-operatória do conceito de "controle". A legislação prevê o controle de utilização dos meios de que a universidade dispõe para cumprir as suas finalidades, o que se expressa na obrigação que tem a Instituição de prestar contas da utilização de recursos. Ora, na medida em que o Estado investe na universidade quando aloca tais recursos, o controle desse investimento deveria envolver naturalmente algo mais do que a legalidade da utilização dos meios: deveria chegar até as finalidades em que desemboca o emprego dos meios. Somente dessa maneira, através do estabelecimento de relações entre o emprego dos meios e a obtenção de resultados, é que se pode proceder a uma real *avaliação de desempenho*. Se a avaliação se detém na mera forma de utilização dos meios, ela não passará de um ritual burocrático. É necessário portanto o controle dos fins, concretamente estabelecido por via de políticas educacionais voltadas para a projeção do desempenho. Aqueles que colocam em dúvida tal necessidade estão recusando o "controle social" da Instituição, atitude descabida, posto que é a sociedade que sustenta as instituições públicas de ensino, através dos impostos. Seria absurdo que a reivindicação da autonomia levasse a universidade a isolar-se da sociedade e das necessidades que essa espera ver atendidas como retorno daquilo que investe na educação superior.

Quem discordaria? O problema é que a letra do argumento esconde seu espírito falacioso. Não há dúvida de que a universidade está inserida num contexto histórico e que enquanto instituição social o seu sentido se constrói na interação com a sociedade. Mas há duas maneiras de conceber essa relação. Podemos considerar, num primeiro sentido, que a relação entre universidade e sociedade se estabelece por via da preservação do caráter *autárquico* da instituição universitária. Autarquia significa autossuficiência como condição do cumprimento de finalidades específicas. O sentido de autarquia não é a desvinculação entre meios e fins, mas a ligação orgânica entre autossuficiência e finalidades próprias. Isso quer dizer que a finalidade da universidade só pode ser alcançada *na* e *pela* autossuficiência. Como consequência desta concepção, o atendimento das necessidades sociais por parte da universidade se faz de forma *mediada*, pois passa pela elaboração autônoma das formas de relacionamento. Ao manter uma relação indireta com as necessidades sociais, a universidade mantém o mesmo tipo de relação com o Estado. Essa relação é moldada pela instância específica caracterizada pela autonomia do trabalho acadêmico. Nesse caso, a *independência é condição para o cumprimento das finalidades*. Num segundo sentido, considera-se que a universidade deve atender imediatamente as necessidades sociais. Ora, a imediatez supõe a definição concreta do que se precisa e do que se espera. "Necessidades sociais" permanece, assim, como alguma coisa abstrata enquanto não for definida pela instância que interpreta e coordena tais necessidades, bem como a expectativa de atendimento. O intérprete e o coordenador, no caso, é o Estado e, mais concretamente, os governos. Por ex., na época da ditadura o projeto do Estado era definido pelo binômio desenvolvimento e segurança nacional. Na Nova República, o projeto era a recuperar a capacitação tecnológica. Em ambos os casos, o planejamento governamental estabelece diretrizes orientadoras da criação de prioridades para alocação de recursos, manutenção, expansão e aprimoramento do ensino e da pesquisa. O Plano de Metas para a Formação de Recursos Humanos e Desenvolvimento Científico (CAPES/CNPq), formulado em 1987, prescreve que

"para poder atingir sua independência econômica, científica e tecnológica no próximo século, o Brasil precisa cuidar já, e muito seriamente, da formação de sua base científica, isto é, precisa formar seus cientistas em quantidade, qualidade e perfil adequados ao seu modelo de desenvolvimento."

O que se necessita é de uma estratégia global

"que tente orientar de maneira ordenada e progressiva os rumos e o novo perfil a ser coberto pelas áreas, face às necessidades do país definidas pelos programas prioritários e áreas estratégicas."[18]

Este planejamento racional exigido pela lógica da eficiência é que supõe o controle dos fins, já que a atividade-fim da universidade se subordina obrigatoriamente a metas pré-fixadas a partir de macrocritérios ligados a uma determinada visão política de desenvolvimento do país e das prioridades que em consequência

---

18. Textos citados em CARDOSO, I., *A Modernização da Universidade Brasileira*, ob. cit., p 123.

são estabelecidas. Nota-se que as metas de longo prazo são pensadas a partir de ações atuais, o que redunda no cumprimento imediato de diretrizes julgadas adequadas para a obtenção das finalidades, num escalonamento planejado de curto, médio e longo prazos. A universidade aparece como um *instrumento organizado* dentro de um grande plano racional; a lógica da eficiência exige que ela se organize de modo a servir aos objetivos propostos. Parece claro que a autossuficiência se dilui, e a autonomia passa a significar, no máximo, a escolha da melhor forma de se adequar aos parâmetros da lógica da eficiência. A universidade perde, assim, o espaço das mediações que lhe permitia a *inserção crítica* em termos de julgamento e atendimento das demandas sociais, a partir da instância específica de autodeterminação.

As metas estabelecidas dentro de um planejamento racional determinam, *ipso facto*, os critérios de avaliação, que não podem ser de gênero distinto da lógica do planejamento e das metas finais. Como a lógica da consecução das metas é de ordem econômica, posto que a independência econômica é a primeira delas, a gestão do desenvolvimento planejado é econômica e, portanto, os critérios de avaliação devem ser da mesma ordem. Daí decorre o aparato técnico das metodologias de avaliação; mas o mais importante é que essa perspectiva avaliadora projeta uma universidade gerida segundo os padrões de organização e métodos econômico-administrativos, isto é, empresariais.

"Instituições de ensino, como quaisquer outras instituições, funcionam muitas vezes em situações em que a qualidade do seu trabalho é estimulada, e em outras em que a qualidade do seu trabalho é desestimulada, ou impedida de florescer."[19]

A avaliação estimulará a qualidade na medida em que estabelecer uma *competição* entre as instituições, num *mercado* educacional em que o melhor desempenho resultará nos melhores

---

19. SCHWARTZMAN, S., *Funções e Metodologias de Avaliação do Ensino Superior*, cit. in CARDOSO, I., ob. cit., p 125.

professores, nos melhores alunos e nos melhores financiamentos. O concorrente que se deixar tomar pela entropia organizacional sucumbirá naturalmente; aquele que souber adaptar-se às exigências de eficácia organizacional sobreviverá. É dito também que o que se busca com isso é a *qualidade*. Há que se entender, no entanto, que, numa estrutura concorrencial de mercado, o que conta é a *qualidade do desempenho*, que se mede pela *quantidade dos resultados*. Bom desempenho, no caso de universidades, significa medir: relação aluno/professor; taxa de evasão; relação ingressantes/graduados; indicadores de desempenho docente (publicações/docente; fluxo de mestrados e doutorados etc.). Tudo isso é uma extensão do binômio custo/benefício, relação básica neste tipo de avaliação. Na linguagem do Acordo MEC-USAID dizia-se: "máximo de rendimento com a menor inversão". É preciso considerar também que todos estes indicadores expressam, na sua variedade, o macrocritério de *adequação* da instituição à planificação racional em escala maior. Se forem vencidos a inércia dos escalões secundários do governo e o corporativismo da comunidade universitária, este padrão de desempenho empresarial adequar-se-á plenamente à execução dos planos de desenvolvimento econômico. A ciência é força produtiva; e a universidade deve estar a serviço da produção, planejada segundo condições racionais. Como dizia Atcon, na década de 1960, "uma universidade autônoma é uma grande empresa, não uma repartição pública".[20]

Compreende-se que, neste contexto, ganhe proeminência uma figura que no Brasil pós-64 passou a ser exaltada como o novo pensador universal: o economista. Ele não apenas ocupará os postos-chave nas áreas financeira e de planejamento, como estenderá sua influência sobre todos os setores do governo, inclusive aqueles concernentes à política social, talvez porque, sendo essas áreas as mais vulneráveis às discussões políticas, configuram-se precisamente como aquelas em que se

---

20. SERRANO, J., *Atcon e as Universidades Brasileiras*, cit. em CUNHA, L.A., "A Universidade Reformanda", ob. cit., p 207.

faz mais urgente uma injeção de racionalidade, para que possam libertar-se das flutuações e imprecisões dos critérios estritamente político-sociais e adotarem o rumo firme da tecnicidade econômica. Esta tendência, constante desde 1964, não sofreu qualquer desvio com a "redemocratização" e acentuou-se na era neoliberal: as políticas públicas da área social ou são diretamente coordenadas por economistas, ocupantes dos ministérios correspondentes, ou, então, são inteiramente monitoradas pela equipe econômica, de modo a que nenhuma decisão seja tomada sem a interferência preponderante do critério econômico. Estando, portanto, a educação sujeita a essa diretriz geral, a universidade não poderia escapar do economicismo como padrão de gestão eficiente e racional.

Essa é a razão pela qual, a partir do final dos anos 1980, instalou-se na USP a mentalidade do "gerenciamento", isto é, a definição clara e inequívoca da direção universitária como algo primordialmente ligado a organização e métodos administrativos, com a elevação dos critérios de eficácia empresarial ao primeiro plano na consideração dos requisitos de gestão universitária. Correlativamente, construiu-se a visão retrospectiva de que todas as dificuldades anteriormente enfrentadas pela instituição foram decorrentes de deficiências de gestão, da falta de talento administrativo ou do desinteresse gerencial dos antigos dirigentes, equivocadamente escolhidos a partir de parâmetros estranhos à competência econômico-administrativa. Com isto, operou-se uma redução de todos os problemas internos e externos da Universidade a quesitos de racionalidade administrativa, o que significou, ao mesmo tempo, a proposição "natural" do critério fundamental para a escolha do dirigente: o administrador eficiente. Nisto a Universidade acompanhou o país: o tecnicismo econômico como única esfera possível de discussão "racional" e base exclusiva para a tomada de qualquer decisão dissolveu o caráter político que deveria ser inerente ao governo, do país e da instituição. A tecnoburocracia economicista ocupou o espaço da discussão e da ação políticas. Dizer isso não é o mesmo que afirmar que não há "política". O império da tecnoburocracia tem uma origem política, evidentemente. Mas essa origem está ausente do cenário em que ocorre o dinamismo das decisões, embora ele tenha sido montado a partir dela. A opção pela racionalidade tecnocrática, naquilo que ela representa em termos de supressão do espaço de discussão política, é sem dúvida uma opção política, na medida em que ela desencadeia um processo político que tem como singularidade o fato de que nele a política não pode transparecer. Consequentemente, a racionalidade tecnocrática é uma *racionalização* da política, com a diferença de que o recalque da política, neste caso, é originariamente deliberado, antes de ser vivido como a inutilidade ou a superação da política. E, neste caso, os agentes políticos da tecnoburocracia cumprem mais fiel e eficientemente seu papel quanto mais convencidos estão do caráter apolítico da tecnocracia.

Nesse contexto, desenvolveu-se na Universidade um processo de desqualificação da instância política em todos os níveis, que começou na Nova República e parece estar se completando nos nossos dias. O que dissemos mais acima, acerca de ser o "político" tomado como sinônimo de corporativista, "assembleísta", radical, irresponsável etc., ganha na atualidade uma dimensão mais nítida e definida, na medida em que há uma recusa institucional da política, como se a universidade se descaracterizasse ao reconhecer-se como peça de um processo político-institucional. Ora, é impossível afirmar que a universidade esteja fora desse processo: mesmo os mais ferrenhos adeptos da despolitização da universidade não chegariam, suponho, a negar a inserção político-institucional. O que se passa na verdade, analogamente ao que ocorre no cenário mais amplo da vida institucional, é que está em curso um projeto político de despolitização. A universidade "gerenciada" é parte de um projeto político de dimensões transnacionais,[21] que a tecnoburocracia brasileira leva a efeito

---

21. Cf. a respeito um texto extremamente elucidativo: *Ensino Superior na América Latina e no Caribe: um Documento Estratégico*, elaborado pela Divisão de Programas Sociais do Departamento de Programas Sociais e Desenvolvimento Sustentado do Banco Interamericano de Desenvolvimento. Aí são

naquilo que lhe compete e de acordo com as diretrizes de órgãos internacionais. Há, portanto, política de ensino superior, decidida nestes órgãos e *executada* tecnicamente pela burocracia dos organismos governamentais ligados à educação no país. Por isto não é necessário que haja discussão aprofundada, em plano nacional, de princípios de política educacional, o que só introduziria ruído no fluxo de comunicações entre os centros de decisão e os encarregados da execução. Esta é a razão pela qual são acoimadas de irracionais as atitudes que contestam ou põem em dúvida a lógica do processo em andamento. O que se pode discutir são as formas de implementação dos controles gerenciais, até como estratégia de economia de conflitos. A discussão da própria essência do processo está desqualificada a *priori*.

VII

A questão que se coloca a seguir é a de entender como a Universidade está assimilando esses controles e a maneira pela qual a comunidade convive com eles. Essa questão é importante porque tais controles não foram eventualmente estabelecidos, nem estão apenas extrinsecamente ligados à instituição, como uma simples modalidade, entre outras, de funcionamento da estrutura universitária. O grau de profundidade em que a instituição assimila a imagem de universidade gerenciada ao seu próprio modo de ser indica a introjeção, talvez definitiva e irreversível, de um paradigma externo, ainda que historicamente impositivo, já que coincidente com o modelo moderno de organização racional. Se isso é verdadeiro, temos de convir que, já na instância do princípio do reconhecimento de sua identidade institucional, a Universidade estaria alienando sua autonomia. Compreenda-se: é bem verdade que os mecanismos de controle são estabelecidos pela própria Universidade, internamente regulamentados e

---

expostas claramente as prioridades do BID no setor de educação superior e as condições que os governos devem atender para ter acesso aos subsídios. É muito interessante a comparação deste documento com aqueles que foram elaborados pelo Ministério da Educação no atual governo.

geridos por membros de sua própria comunidade, o que poderia levar a julgar que, ao menos enquanto proceder assim, a Universidade não estará subordinada a controle extrínseco. Mas a *ideia* do controle gerencial, que está na raiz da estrutura avaliativa adotada, é extrínseca. Qualquer que seja, o mecanismo montado a partir dessa ideia estará marcado pela heteronomia. A universidade gerenciada é, essencialmente, heterodeterminada, e o será tanto mais quanto mais tiver assimilado no seu próprio núcleo os procedimentos de gerenciamento. É por isso que o processo de despolitização e os seus correlatos, a expansão e o aperfeiçoamento da estrutura gerencial, têm como horizonte a indiscernibilidade total entre autonomia e heteronomia.[22]

Essa perda progressiva de discernimento afeta a preservação e a reposição da identidade histórico-política da instituição, a tal ponto que ela vai aos poucos separando-se de si mesma. Esse processo remonta a épocas nem tão recentes. Algo digno de atenção, até pelo caráter simbólico inscrito no fato, ocorreu por ocasião da comemoração do cinquentenário da USP, em 1984.[23] Em 25 de janeiro o Conselho Universitário reuniu-se em sessão solene, com a presença das autoridades, como de praxe em atos

---

22. Exemplo ilustrativo desse processo é a substituição de uma *política* de recursos humanos por um *gerenciamento* da máquina administrativa e do corpo docente de tal modo a obter resultados relevantes do ponto de vista econômico-administrativo, como o decantado *enxugamento* e o elogiadíssimo índice de comprometimento orçamentário da folha de pagamento. O baixo índice de comprometimento — quando comparado a épocas anteriores — é mostrado como troféu de eficiência, contentamento que só é possível a partir da abstração do que isto representa para os corpos docente e funcional. Procedimento normal para uma tecnoburocracia que ignora sistematicamente a relação entre resultados econômicos e trabalho *humano*. A pergunta que cabe fazer é se esta subordinação da Universidade a mecanismos internos de subjugação de seus quadros à eficiência dos "executivos" é autonomia ou heteronomia.

23. Uma reflexão profunda e de grande alcance crítico sobre o significado desta comemoração, na forma como foi feita, encontra-se em CARDOSO, I., *A USP e o "Espírito de Instituição"*, Presença, Revista de Política e Cultura, número 5, janeiro de 1985, pp 93–100.

dessa importância. Quis a ironia ardilosa da história que fosse então Ministra da Educação a professora Esther de Figueiredo Ferraz, reitora da Universidade Mackenzie em 1968, quando os alunos desta escola, apoiados por grupos paramilitares de direita e protegidos pela polícia, atacaram com tiros e bombas o prédio da rua Maria Antonia em que funcionava a Faculdade de Filosofia, Ciências e Letras da USP, depredando-o e provocando um incêndio, o que motivou a antecipação da mudança para a Cidade Universitária dos cursos que lá eram ministrados. Para quem pôde ver, difícil seria apagar da memória a insólita cena: a ministra, o governador, o prefeito, o secretário da educação à época da fundação, o diretor d'*O Estado*, embaixadores, inclusive da Indonésia, além das autoridades da USP, formavam a mesa. Os membros do Conselho Universitário. A sessão foi a portas fechadas, pois um grupo de professores, estudantes e funcionários protestava na entrada, reclamando dos salários e das condições de trabalho. Discursando, a ministra aquiesceu em lembrar que "A USP soube, como sempre saberá, vencer suas próprias crises, olhos postos, antes e acima de tudo, nos ideais que inspiraram o ato de sua criação. Pois o futuro de nossas universidades [...] reside na renovação de seu espírito originário". Certamente, a ex-reitora do Mackenzie referia-se ao espírito trancado na Sala do Conselho, protegido da irracionalidade do radicalismo político daqueles que se manifestavam lá fora. Provavelmente, fora em nome desse espírito que ela saíra em defesa da ação dos estudantes do Mackenzie e dos grupos agregados em 1968.

Nada poderia figurar de modo mais nítido a separação da Universidade de si própria. E a ministra foi feliz na escolha de pelo menos uma de suas palavras: crise. Um Conselho Universitário de uma Universidade fundada e consolidada sob a égide da crítica, reunido a portas trancadas com uma ministra de um governo autoritário e ex-reitora de uma escola que dava abrigo a grupos fascistas organizados, para "comemorar" cinquenta anos de fundação. A perda de identidade reflete-se na crise de representatividade: aquele Conselho obviamente não representava a comunidade; o poder institucional estava completamente desvinculado da Universidade real, como num país ocupado, em que a data nacional tivesse que ser lembrada numa solenidade organizada pelos ocupantes. Um dos significados de *crise* é separação. Durante a ditadura, a Universidade estava separada de si mesma porque, estando silenciada, não podia assumir-se na identidade histórica que construíra ao longo de trinta anos. Na Nova República, a Universidade permaneceu separada de si mesma devido à desqualificação dos opositores do projeto de tecnocratização e empresariamento, que eram chamados de adeptos da "universidade alinhada", isto é, submetida a injunções políticas. Atualmente, a Universidade continua separada de si própria porque perdeu a identidade política e se vê arrastada num projeto de completa destruição da esfera pública, percurso que vai rapidamente alterando seus traços institucionais. Como compreender a espantosa continuidade desse processo sem considerar que a instituição se fez de alguma maneira cúmplice de sua própria alienação?

Isso dito de maneira simples e direta soa como acusação injusta. Afinal, houve um longo período de obscurantismo, de terror, de violência e de intimidação. Depois houve a longa transição. Não é possível retomar a história a partir do ponto em que ela foi usurpada. Mas é por isto também que importa compreender bem a continuidade da história. O que Florestan Fernandez escreveu em 1984, acerca de um passado recente, repercute com uma atualidade assustadora:

"Pretendia-se destruir o fundamento moral de qualquer inconformismo de base institucional, converter a própria atividade docente, de aprendizagem e administrativa em um não-valor, *em algo de importância intrínseca discutível ou desprezível. Se se observam as coisas deste ângulo, é fácil entender-se seja o tédio, o sentimento de impotência, a indiferença quanto à autorrealização, o cinismo compensatório, seja o trabalho árduo e sofisticado, de contextura neurótica, que aparece como o equivalente psicológico do refúgio. Esses aspectos, que atingiram mais os jovens e os estudantes, mas que se manifestaram com carga decuplicada nos mais velhos sensíveis a tal enredamento, revelam o quanto a tutela externa*

e a fascistização dos controles internos quebraram a cerviz dos quadros humanos em várias áreas da USP."[24]

Este texto pode ser lido em pelo menos três estratos de significação. Creio que o que diz Florestan, no plano mais geral da sua reflexão, é que não há proporção nem comensurabilidade entre os estragos da ditadura e a resistência que a instituição pôde oferecer. E nem é o caso de pensar nos expurgos, nos exílios, na expulsão direta e indireta de professores, alunos e funcionários. Florestan fala dos que ficaram: do desequilíbrio, da perda de referência, da desestruturação, do esvaziamento, da perda de sentido, da falta e da culpa. E também do caráter insuficiente de qualquer opção, da impossibilidade de se desvencilhar da suspeita de si, qualquer que fosse a escolha. Ir embora é assumir a desistência, ficar é racionalizar a desistência. A corrosão dos critérios desestabiliza a tal ponto a vontade que fica dissolvida a distinção entre ação e omissão. E nada do que aconteceu depois pode fazer reaparecer a certeza de que se agiu certo, porque o momento da certeza passou e não pôde ser vivido, teve de ser sobrevivido, atravessado sorrateiramente.

Um segundo estrato de significação diz respeito à dificuldade de se manter a integridade intelectual numa instituição tutelada. Sabemos que não se trata apenas de um monitoramento externo da atividade, mas de algo pior e mais profundo, a progressiva introjeção da autocensura, e a consequente perda de parâmetros para discernir a resistência possível. O risco de se pôr voluntariamente até mesmo à frente do processo repressivo gera a diminuição gradativa do espaço de vida intelectual quando este se transforma num refúgio, tendendo para a dimensão de um esconderijo acanhado, em que qualquer palavra, qualquer movimento, qualquer pensamento podem denunciar a presença. A opção forçada pela clandestinidade intelectual, a impossibilidade de escapar da autovigilância, enfim, o disfarce que não se distingue da verdade, a máscara, mais do que colada, absorvida na pele, no sangue e nos nervos do rosto. O hábito do medo.

---

24. FERNANDES, F., *A Questão da USP*, Brasiliense, São Paulo, 1984, p 63.

A EXPERIÊNCIA UNIVERSITÁRIA ENTRE DOIS LIBERALISMOS

Um terceiro estrato de significação nos faz retornar a horrores mais prosaicos, como os que mencionamos antes acerca do tecnicização e do gerenciamento como estratégias de roubo da identidade política da Universidade. Acredito que a isto pode ser referida a expressão do texto de Florestan: "fascistização dos controles internos". Era comum, durante a Nova República, que as atitudes e os argumentos de oposição fossem sumariamente descaracterizados a partir do diagnóstico: "agora já não estamos mais sob a ditadura". Leia-se: não há mais desculpa, não há mais sentido em resistir, não se trata de repressão, mas de racionalidade e eficiência. Quem resiste só pode fazê-lo em nome do corporativismo ou da preservação da mediocridade. Os mecanismos de competição e de controle agora devem integrar-se plenamente à vida institucional. Confundir tais mecanismos com repressão é sofisma de preguiçosos. A competição pressupõe a liberdade (livre-iniciativa), e a sobrevivência dos melhores será o resultado natural do processo. É dever da Universidade promovê-lo. A prática-limite desta teoria da transparência democrática foi a publicação da "lista dos improdutivos", que ocorreu durante a gestão do primeiro reitor escolhido "democraticamente". Foi um sinal evidente da relação que se passou a estabelecer entre racionalidade gerencial e democracia, e foi também uma clara antecipação do que se deveria esperar dos controles internos. A fascistização destes controles não significa — diga-se preventivamente — que as pessoas que os exercem tornam-se fascistas ou que esta é a condição de serem recrutadas para as posições de controle. A fascistização é institucional, o que quer dizer que os critérios de racionalidade técnica e eficácia produtiva coincidem com elementos fortemente e intrinsecamente repressivos, institucionalmente interiorizados pela própria ideologia da eficiência produtivista e da sobrevivência dos mais aptos. Referindo-se à aceleração do processo de desintegração da Faculdade de Filosofia, Ciências e Letras, simbolicamente marcado pelo ataque ao prédio da rua Maria Antonia em 1968, Florestan assim o resumiu: "[...] a posterior internalização da repressão fez o resto".[25]

É um diagnóstico de largo alcance, e que a história bem recente da Universidade foi tornando mais e mais exato. Não se pode dizer que o golpe de 64 e o AI-5 em 1968 encontraram a USP unida e coesa em torno da democracia e da autonomia. Pelo contrário, a instauração da ditadura e o endurecimento do regime vieram ao encontro das expectativas de muitos, seja do ponto de vista ideológico, seja da perspectiva de ascensão acadêmica e acesso ao poder. Não é preciso lembrar o episódio da lista de cassações elaborada pela Congregação da Faculdade de Medicina, tão triste quanto eloquente como exemplo extremado dos focos internos de esgarçamento institucional, e do poder de dilaceramento desses focos quando associados à violência do oportunismo e à inexistência de qualquer grau de discernimento ético entre os protagonistas. Mas a análise de caracteres não nos leva muito longe quando se trata de compreender o processo *histórico-político* do esgarçamento institucional. Por isso, é interessante observar um pouco a evolução da "internalização" a que se refere Florestan no período da Nova República. Uma análise comparativa dos traços gerais do discurso repressivo utilizado pela ditadura para desqualificar qualquer atitude que visasse reconfigurar o significado político-institucional da Universidade com a maneira como os porta-vozes da modernização expressavam a necessidade de incorporação pela instituição dos critérios de competência tecnocrática pode ajudar-nos a entender a direção que desde então vem definindo o perfil da Universidade, bem como algo do projeto implícito nesta definição.[26] Já mencionamos pouco antes o exercício reiterado de desqualificação das oposições e das diferenças que caracterizaram a apresentação de propostas das comissões oficiais e dos adeptos do que se convencionou denominar na época a "universidade

---

25. FERNANDES, F., *A Questão da USP*, ob. cit., p 64.
26. Serve-nos de apoio para refletir acerca deste assunto o texto de CARDOSO, I., *A Universidade e o Poder*, Revista da USP, número 6, julho/setembro de 1987, pp 59–70.

do conhecimento", definida como aquela que "restaura o projeto modernizante de uma universidade [...] baseada em paradigmas de desempenho acadêmico e científico, protegida das flutuações de interesses imediatistas", em que "as formas de gestão precisam respeitar as condições peculiares da produção e transmissão de conhecimento", e na qual a "cidadania acadêmica, diferentemente do que se concede na sociedade global, não igualiza, ao contrário diferencia, em função do mérito e da competência."[27] O que nos interessa não é tanto a proposta expressa na letra do relatório mas muito mais o espírito ou a ideia que a orienta, e que se encontram melhor indicados quando a Comissão se pronuncia acerca daquilo a que esta proposta se opõe:

"Desde os fins da década de 1960 sacudiu as sociedades ocidentais amplo movimento, tanto no plano ideológico quanto no da ação prática, de contestação de estruturas de poder existentes. Essa contestação se deu não apenas no âmbito da sociedade global, mas também, e com mais força, no interior de instituições específicas, como a Igreja, o Partido, o Sindicato e a Universidade. Extremaram-se, dentro da visão democrática, os componentes de origem rousseuniana, radicados na ideia de que a verdadeira democracia deve exercer-se de forma direta, sem as mediações representativas e ressuscitaram-se posturas anarquistas. Essas ideias chegaram rapidamente ao nosso País, onde o autoritarismo propiciou solo fértil para que germinassem com vigor. Dentro da universidade, que enfrentava prolongada conjuntura adversa, brotaram com ímpeto, numa lógica reativa, os movimentos de professores e servidores, empunhando, entre outras bandeiras, a da democratização interna das instituições."

Há que se atentar não apenas para a extrema clareza desse texto, mas também para o que ele esclarece quanto à compreensão do que se encontra na citação imediatamente anterior. Os movimentos do final da década de 1960 teriam feito surgir, sobretudo na instituição universitária, reações ideológicas que se prolongaram no plano da ação prática, e que teriam como finalidade

---

27. Trecho do Relatório GERES, cit. por CARDOSO, I., *A Universidade e o Poder*, ob. cit., p 64. As demais citações do relatório que aparecem a seguir são extraídas deste artigo.

subverter "as formas de gestão" adequadas à "natureza e as condições peculiares" de uma Universidade que não é uma "sociedade em miniatura" e que, portanto, deve pautar-se por outros parâmetros de "cidadania acadêmica", precisamente os da diferenciação e não os do igualitarismo. O limite de tais reivindicações é a dissolução das "mediações representativas", atitude derivada de uma visão extremada de "componentes rousseunianos", e suficientemente radical para pleitear a "democracia direta" dentro da instituição, o que pode ser caracterizado como "postura anarquista". No caso da universidade brasileira, o autoritarismo propiciou a propagação da "bandeira" da "democratização interna das instituições". Parcial e aparentemente justificada pelo autoritarismo ao qual se opunha "numa lógica reativa", essa posição permaneceu sendo a de muitos professores e servidores quando já não haveria nada mais a que se reagir, isto é, durante a Nova República. Esse discurso chega a ser fascinante pelo modo como deixa entrever certas rearticulações históricas operadas pelos defensores da "universidade do conhecimento". Tentemos aclarar algumas ideias. Os movimentos sociais do final dos 1960 contestaram estruturas vigentes de poder e essa contestação expressou-se numa radicalização que, pelo que recusava e pelo que propunha, só poderia acabar no anarquismo. As condições brasileiras (ditadura) contribuíram para que essa postura se disseminasse como reação ao *statu quo*, o que teria tido como resultado a incorporação de um pleito anarquista a certos projetos de transformação da universidade, fazendo com que a atitude anarquista passasse de *reação* a aparentes formas positivas de *ação* política. Como consequência, tem-se a proposta de "universidade politizada" ou "universidade alinhada", que inverte os valores da "universidade do conhecimento", uma vez que somente se preocupa em constituir-se como "arma na luta política maior". A quebra da hierarquia e das mediações representativas é a falência da "universidade do conhecimento", consequentemente o rebaixamento da Universidade.

Para entender melhor o que aí se contrapõe, é útil recordar

como, em 1981, um editorial d'*O Estado de S. Paulo* referia-se ao mesmo problema:

"Depois do vazio dos movimentos de 1968 — que esta folha caracterizou como a primavera do nada — chegou-se a ter a impressão que alcançávamos a idade do fim das utopias desvairadas que, geradas no século XIX, marcaram tão tragicamente o nosso século. Entretanto, a situação é muito mais complexa; infelizmente, os anos 80, pelo menos nos países latinos, seja nos europeus, seja nos da América, não se distanciaram o suficiente dos anos 1960."[28]

O texto do Relatório GERES, escrito em 1986, constata essa continuidade das utopias, fruto de que os supostos herdeiros dos movimentos sociais não teriam compreendido que 68 teria sido o prelúdio do nada: algo movido apenas pela "lógica reativa" e que, se continuado, seria no mínimo um romantismo anacrônico, mas que poderia tornar-se também um perigoso declive por onde a universidade escorregaria para a incompetência, o "populismo" e a "barbárie". A estratégia de salvação da universidade passaria então pela deslegitimação do discurso em favor da "universidade politizada", o que é feito por meio da desqualificação intelectual e acadêmica do interlocutor. Aparecem então os epítetos que mencionamos mais acima: medíocre, paranoico, histérico, radical, baixo-clero etc.

Ora, a salvação da universidade tem como condição a conquista do poder em dois níveis: nos órgãos governamentais que controlam as instituições universitárias, e nas próprias universidades, preferencialmente, quando se trata de escalões intermediários, nos postos de gerenciamento afetos às instâncias de controle. Isso explica porque, a partir de meados dos 1980, a figura do professor que transitoriamente exercia, de modo mais ou menos competente, a tarefa de avaliar o trabalho acadêmico, e que só era aceito pela comunidade enquanto uma espécie de coordenador formal, com atribuições pouco nítidas do ponto de vista concreto e contando muitas vezes com um reconhecimento

---

28. *O Estado de São Paulo*, editorial, 07/6/81, citado por CARDOSO, I., artigo cit. na nota anterior.

problemático por parte do corpo docente, torna-se agora um *controller* especializado, que alia a competência acadêmica na sua área de origem a um extenso conhecimento de metodologias de avaliação, técnicas de mensuração do trabalho acadêmico, critérios de produtividade, padrões de interação interinstitucional, mecanismos de determinação de impactos oriundos de geração de conhecimentos e tecnologias etc. Trata-se de uma figura que deve ser compreendida num processo de continuidade que começou com a elevação do economista ao nível de pensador universal, pois o que se espera do *controller* acadêmico é que ele se oriente por padrões derivados de uma visão tecnoeconômica da universidade, em que os critérios de prospecção e normatividade básicos sejam uniformemente aplicáveis. Tem-se como suspeita, por exemplo, a alegação de diferenças e especificidades de certas áreas e a consequente inadequação de critérios. No máximo, toleram-se algumas características peculiares de áreas "atrasadas" ou "pouco desenvolvidas", na suposição de que isso seja provisório e que tais setores estejam se esforçando para atingir o patamar das áreas de elite.

A novidade em relação à "desordem", ou à "falta de uma política de produção científica", à ausência de "parâmetros objetivos", da época pré-gerencial é que as instâncias de controle não são mais *coordenadoras* do trabalho acadêmico, mas passam a ser cada vez mais *ordenadoras*. A ordenação não significa, nesse caso, um conjunto de normas emanadas do órgão controlador, com a finalidade de sujeitar estritamente a atividade acadêmica, mas a divulgação de expectativas que as instâncias de controle julgam adequadas alimentar como condição preliminar do trabalho avaliativo. Essas expectativas, tecnicamente justificadas e devidamente apoiadas em modelos principalmente norte-americanos, explicitam de forma suficientemente clara os requisitos que o trabalho acadêmico *deve* obedecer para transitar com êxito nos órgãos de controle, basicamente preocupados com a produção, o que sinaliza também de forma explícita para o peso dessa atividade em relação às demais.

Em suma, não se trata mais de uma coordenação da atividade

universitária a partir de uma avaliação e compatibilização dos resultados do trabalho universitário realizado no contexto variado e pluralista, coordenação esta que teria como principal objetivo assegurar os meios para que o trabalho intelectual se realizasse nas dimensões múltiplas de sua possibilidade e de acordo com a autonomia do docente e das áreas que compõem a universidade, sem qualquer juízo prévio acerca daquilo a que o trabalho teria que corresponder. A perspectiva ordenadora tem uma visão prévia do trabalho intelectual, que somente é explicitada em parte (condições de publicação, por exemplo) e avalia muito mais a correspondência do que se faz a este modelo geral do que o trabalho em si mesmo. A causa disso é relativamente simples: se o trabalho fosse avaliado em si mesmo não se caminharia na direção de estreitar cada vez mais o espaço em que se exercita a *diferença* entre as áreas e mesmo entre as pessoas. É por isto que as avaliações realizadas internamente pelas áreas e pelos departamentos estão sempre sob suspeita: supõe-se, provavelmente com razão, que a avaliação interna valoriza a diferença como meio de aferir a originalidade, e dessa maneira despreza o paradigma formal e geral de avaliação.

A imposição do paradigma da competência exige que o poder seja ocupado pelos grupos "competentes" em todas as instâncias de avaliação e gerenciamento, dentro e fora da universidade. É por isso que o projeto da universidade competente, hierarquizada e gerenciada caminha necessariamente junto com um plano de articulação de lideranças acadêmicas preocupadas com a competência, que devem ocupar os postos de poder — aí compreendidas as instâncias de controle — e mantê-los permanentemente fechados a qualquer interferência dos grupos "politizados" e "incompetentes". Com isso se cria uma justificativa racional para o autoritarismo, para a instauração e reprodução indefinida do modelo produtivista, mercantilista e gerencial de universidade.

O autoritarismo exercido em nome da racionalidade e da competência deslegitima *a priori* qualquer discussão política acerca de sua pertinência ou validade. Isso significa que fica vedada qualquer possibilidade de questionamento do *poder*. São legítimas apenas as discussões técnicas visando alterações internas e pontuais do modelo, e são bem-vindas discussões técnicas quanto ao modo de adequação progressiva de todos os setores da universidade ao modelo. A inserção dessa perspectiva de universidade num contexto geral de modernidade, pensada segundo os critérios de racionalidade técnica, mascara o exercício político da autoridade, conferindo a um projeto político de educação superior as marcas da universalidade e da necessidade puramente racionais. Já era irracional insurgir-se contra a *proposta* de universidade tecnocrática e gerenciada; no momento em que os tecnocratas realizam o projeto de ascender ao poder, torna-se irracional contestá-los, contestar o *poder*. Por vezes ainda se fala, em termos antiquados, de *crise da representatividade*, e parece que o que se quer dizer com isso é que a distância entre a comunidade e o poder aumentou de tal maneira que não pode mais ser precorrida, nos dois sentidos, pelos representantes da comunidade. Tudo indica que estes estão diante de duas opções: ou se mantêm próximos de seus representados e são ignorados pelo poder, isto é, deslegitimados quanto à competência; ou se mantêm próximos do poder, caso em que são reconhecidos como competentes, mas não como representantes. Apesar de não tão longe, parece já bem distante o tempo em que o Relatório GERES podia falar, talvez até honestamente e com algum sentido, em "mediações representativas". A instalação definitiva da competência técnica como única instância válida de decisão as tornou desnecessárias. Como e para que discutir questões de fundo sobre o presente e o futuro da universidade se o *outro* — politicamente falando — está de antemão desqualificado para essa discussão?

É interessante relembrar o argumento utilizado pelo discurso "competente" contra o interlocutor "politizado", que referimos anteriormente: não estamos mais sob a ditadura; é hora de perder a mania de contestar. Há algo aí de mais profundo sob a sugestão da trivialização do protesto, e que explica muito do que estamos vivendo na universidade. O que faz com que o "competente" conclame seu interlocutor a deixar de se opor é a mudança de posição de parte do arco de oposição à ditadura. O advento da Nova República provocou diferenciações nesse espectro amplo, e estas só fizeram aumentar desde então. A opção pela tecnicidade competente e pelo gerenciamento como modelo de universidade triunfou e levou parte da antiga oposição ao poder. Como isso ocorreu, ao menos do ponto de vista formal, "democraticamente", os que foram guindados ao poder sentem a sua competência legitimada pelo procedimento democrático. A consequência, algo paradoxal, é que isso reforça o autoritarismo, já por vezes latente, e o faz atingir graus bem acima da inevitável contaminação autoritária a que se expõe todo aquele que exerce poder. Não havendo mais ditadura, nada mais existe que possa qualificar minimamente uma oposição, e justificá-la. Por isso, o opositor *de agora* está por definição desqualificado e sua atitude é injustificável. É "reação ideológica", quer dizer, é mera política, quando o que está em jogo é lógica e razão. Se o opositor for passivo e pacífico, será tratado como um utopista. Se for ativo e militante, será o populista, histérico, paranoico, baixo-clero, representante da barbárie corporativista. Sua desqualificação e a deslegitimação do seu discurso não são, pois, atos repressivos. Pelo contrário, é algo que se justifica como defesa da instituição — de sua qualidade e de sua excelência. A partir daí, estão justificados: a marginalização do representante combativo, pois é alguém que ainda não entendeu que "mediação representativa" é antecâmara do poder e não o espaço da sua contestação; a marginalização e a pressão para o esvaziamento político das associações e entidades representativas, se se comportam como corpos estranhos ao processo de modernização; a perda de sentido político dos colegiados em todos os níveis, que devem ocupar-se apenas da parte que lhes compete no gerenciamento institucional e na escolha dos modos de execução das ações burocráticas e administrativas decididas de forma centralizada nos escalões superiores. A preocupação principal é impedir a "politização" das discussões, que é vista como procedimento aberrante. Ora, trabalho tão bem feito de esvaziamento político das instâncias coletivas de discussão e de desqualificação de qualquer tentativa de reconfiguração política da instituição só poderia ter sido realizado por quem já participou intensamente nesse gênero de atividade. Por aqueles que passaram da oposição ao poder e por aqueles que decidiram trocar a discussão pela anuência imediata, às vezes numa ânsia mal contida de "oficializar" o próprio discurso.[29] Neste entrechoque de ações e reações, que procurei comentar sumariamente, parece ocorrer, talvez de forma amplificada e mais complexa do que o próprio autor poderia prever, o que Florestan chamou de "internalização da repressão".

VIII

Da descrição do processo de internalização feita acima, embora sumária e superficial, creio que se pode depreender que esse processo traz, na sua própria dinâmica de efetuação, os mecanismos que o ocultam, na vivência do cotidiano universitário. Tais mecanismos, entendidos como os meios de racionalização justificadora do controle gerencial, só podem ser compreendidos se vinculados a uma estratégia de camuflagem do poder. O poder, quando travestido de racionalidade e competência, assume um caráter *absoluto* que tende a ser visto como *natural*. Já vimos que é desta forma que se consolida a ideia de que opor-se ao poder é opor-se à razão. O tecnoburocrata é aquele que governa "por direito racional", o que o coloca acima das críticas e das oposições que pretendem questionar a origem do poder.

---

29. "Reestabelecida a continuidade entre o final dos anos 1960 e a situação presente da universidade brasileira, elaborada no próprio discurso oficial da Nova República, vai ficando cada vez mais difícil discernir o que significa esquerda e direita, categorias aparentemente tão claras nos anos da ditadura militar." (CARDOSO, I., *A Universidade e o Poder*, ob. cit., p 65). Essas linhas foram escritas em 1987, mas são de inquestionável atualidade e ajudam a compreender a vida política nacional até num contexto mais amplo do que a universidade. O fato de que aqueles que foram "de esquerda" não consigam conviver com um discurso dissonante sem desqualificá-lo é no mínimo instigante e talvez constituísse um tema interessante para uma antropologia política.

O poder assim concebido e estruturado se torna tanto mais forte quanto se expressa numa rede de instâncias de controle que operam a partir de critérios racionais. Dessa maneira, fica dissolvido e mascarado o caráter no mínimo unilateral da concepção de universidade que orienta essa organização do poder. É assim que, embora sendo *relativo* a uma *determinada* opção de tradução teórico-política da cultura, o ideário tecnogerencial pretende aparecer como absoluto e naturalmente justificado. A isso se acrescenta a expressão *sistemática* da organização universitária, que confere a ela um teor de *ordem racional*, reforçado pelo contexto maior de racionalidade técnica do quadro histórico da modernidade.

Esta expressão sistemática atinge profundamente os indivíduos, repercutindo na maneira como concebem a inserção institucional. As regras gerais do sistema tendem a ser introjetadas como *valores* acadêmicos e até mesmo morais. Ora, tais regras são essencialmente funcionais: dizem respeito à eficiência do sistema e à sua integração na modernidade técnica; não foram concebidas por via de uma visão crítica e integradora do percurso histórico da universidade e, neste sentido, a recusa da tradição aí implícita é tributária apenas da hegemonia do presente enquanto característica de uma civilização tecnicamente orientada. Dessa maneira se instaura o paradoxo da assimilação de valores pretensamente culturais, civilizatórios, intelectuais e morais que entretanto têm origem nas regras pragmáticas de funcionamento do sistema. Para que tais valores se sustentem, é necessário que essa origem permaneça obscurecida — e esse obscurecimento é continuamente reposto na adesão acrítica ao sistema, fundamentada, por sua vez, na imagem de racionalidade com que o sistema se apresenta e é aceito. O indivíduo assimila, de modo consciente ou não, a sua integração ao sistema como única forma de pautar a conduta universitária por esses "valores", que são, na verdade, as regras imanentes ao sistema. A inserção institucional significa, então, pôr-se de acordo com a funcionalidade do sistema. Os critérios operatórios são impostos como valores, e o indivíduo passa então a "operar" a sua conduta universitária — isto é, a sua vida intelectual — de modo a seguir as regras, entendendo que assim está se desincumbindo de sua *responsabilidade* universitária. Os que não seguem as regras são "irresponsáveis".[30]

As regras tornadas valores expressam a ideologia orientadora da organização da universidade "competente". Referem-se àquelas expectativas que os órgãos de controle acadêmico mantêm como critérios avaliadores, a produtividade competitiva, por exemplo. Tem-se como exigência normal de desempenho que o docente produza de modo a competir internamente, nacionalmente e, se possível, internacionalmente. Sendo a competitividade critério de adequada inserção institucional, o procedimento privilegiado de inserção fica vinculado à iniciativa individual ou de grupos, que lutam entre si pela obtenção dos meios que permitam cumprir a regra da produtividade, batalha travada na universidade e, principalmente, nos últimos tempos, fora dela, na arena montada pelas agências de fomento. Já se disse muitas vezes que a submissão a critérios avaliativos das agências não constitui alienação da autonomia, visto que os que dirigem as agências, estabelecem os parâmetros e procedem aos julgamentos são membros da comunidade universitária. Esse argumento é bastante irônico, já que somente se torna aceitável pelo seu lado negativo: se não há problema em que as agências indiquem o que se deve fazer na universidade, em termos de pesquisa, é

---

30. A partir da Nova República tem se tornado frequente, mormente na USP, um discurso "oficioso" ou "oficializante" que apresenta argumentos contra movimentos de greve ou de contestação. Esse discurso, em geral proferido por "notáveis" da comunidade, reiteradamente evoca a "responsabilidade" como razão para dissuadir os demais de qualquer contestação de decisões do poder, como, por exemplo, reajustes salariais. A "responsabilidade" (para com a instituição, com os alunos, com a sociedade) paira acima de qualquer motivação reivindicatória. O sinal evidente de que esta "responsabilidade" é para com o sistema, na verdade, aparece na desqualificação sumária do argumento segundo o qual a responsabilidade para com a universidade e os alunos estaria presente também na reivindicação por melhores condições de trabalho. Faz parte da lógica do sistema qualificar de antiuniversitária qualquer atitude de oposição a *este* sistema universitário.

porque há uma consonância, ainda que tacitamente estabelecida, entre a agregação institucional que deveria ser a característica da universidade e a atomização de indivíduos e grupos decorrente da concorrência pela obtenção de recursos, uma vez que as agências julgam projetos e não instituições. De qualquer modo, a valorização da iniciativa individual ou de grupos, associada ao regime de competição, distancia o indivíduo da instituição a que pertence. Esta passa a ser apenas o local de ancoragem para a promoção individual, não entrando em linha de conta a questão da relação entre interesses individuais e institucionais. O indivíduo será tanto mais valorizado no seu trabalho quanto mais estiver afastado da "corporação". Não seria o caso de se perguntar se o atual desinteresse pela instituição por parte de seus integrantes, e a desagregação que vem como consequência, não teriam algo a ver com esse distanciamento, que é encorajado na medida mesma em que o sistema prescinde da instituição como valor a ser preservado, como origem e finalidade do trabalho, e apenas se serve dela operatoriamente, como apoio para o seu funcionamento.

Creio que se pode dizer também que encorajar uma modalidade de inserção institucional em que paradoxalmente a própria instituição é desvalorizada, já que a relação é cada vez menos *intrínseca*, coaduna-se bem com uma perspectiva de dissolução do espaço institucional, da desconsideração do lastro histórico e da densidade política de um *locus* acadêmico acumulador de experiências, plurais e contraditórias, de que o indivíduo deveria participar, tanto pela atuação presente quanto pela preservação da memória, para melhor constituir o sentido da atividade individual. O desencorajamento de uma apropriação do passado que venha a integrar a atualidade é parte da estratégia de autonomização do sistema tecnocrático. Para o sistema basta que a atualidade fique suspensa no ar, pois o fundamento institucional atua por si mesmo como moderador da absolutização do presente imediato enquanto único critério de inserção. Não é por acaso que, na USP, seja a Faculdade de Filosofia, Letras e Ciências Humanas a unidade que tem apresentado maior grau de resistência à modernização, pois, apesar de tudo, nela ainda se preserva algo da memória institucional e essa carga histórica faz com que a Faculdade avance mais lentamente na sua integração ao sistema. Não é por acaso, também, que os setores mais "adiantados" da FFLCH, aqueles em que o processo de assimilação das regras do sistema vai fluindo com mais facilidade, sejam exatamente aqueles em que mais se nota o esforço deliberado para destruir a memória da instituição, aqueles que menos se sentem os herdeiros da Faculdade de Filosofia, Ciências e Letras, aqueles que renegam o legado, aqueles em que mais se acelerou o processo de despolitização e aqueles que mais severamente criticam os setores ainda "atrasados", através do novo discurso desqualificador e deslegitimador gerado na Nova República. É preciso reconhecer, por outro lado, que o discurso e os procedimentos de oposição dentro da Universidade não têm encontrado em todos os momentos formas adequadas de resposta a essa situação. Em alguns casos, as dificuldades de mobilização provocaram um isolamento das entidades, que foram obrigadas a manter-se fechadas em si mesmas na medida em que têm sido sistematicamente ignoradas por aqueles que deveriam ser seus interlocutores. Esse acanhamento forçado resulta numa perda de alcance do exercício crítico que se expressa por vezes em alianças precipitadas e incoerentes, custo demasiado alto a pagar por uma reconquista efêmera de um espaço de discussão e de interferência.

É preciso também acrescentar, embora seja óbvio, que a dissolução do espaço institucional vai sendo operada como parte de uma estratégia mais ampla de destruição do espaço público, o que tem sido objeto de grande empenho por parte do governo nos últimos quatro anos. Há portanto uma confluência entre os esforços do governo no sentido de inviabilizar a universidade como instituição pública e o esvaziamento político-institucional que vem sendo promovido pelas "lideranças acadêmicas" que, oficial e oficiosamente, se têm ocupado dos destinos da universidade brasileira desde a Nova República. Trata-se de mais um prolongamento da "internalização" de que vimos falando.

A busca da eficiência e da modernização por parte das instâncias político-administrativas se reflete numa assimilação progressiva dos procedimentos de gestão privada, o que é feito em nome da racionalização. Na instância propriamente acadêmica, a despolitização, a ausência de discussão aprofundada dos rumos da universidade, a desqualificação das posturas críticas e a aceitação dos critérios tecnocráticos de gerenciamento e avaliação contribuem indiretamente para o enfraquecimento do caráter público da instituição, pois não há percepção clara de que não será possível por muito tempo preservá-lo e simultaneamente conviver com o avanço da mentalidade mercantil, que em alguns setores já domina totalmente, e com práticas de gestão empresarial. Haverá um momento em que se terá de escolher, e então se fará, da necessidade, virtude. A necessidade é, senão a privatização pura e simples, pelo menos a extensão a todos os níveis da instituição das práticas de gestão privada.[31] A confluência mencionada

---

31. Para indicar que tais prognósticos não são infundados — ou seja, que o autor não é "paranoico" — basta referir alguns trechos do documento do BID, já citado (*Ensino Superior na América Latina e Caribe: um Documento Estratégico*, Divisão de Programas Sociais, Departamento de Programas Sociais e Desenvolvimento Sustentado do Banco Interamericano de Desenvolvimento, 1996). "O mecanismo chave de controle de que a formação profissional necessita é o mercado. É o mercado que deveria determinar as necessidades básicas em termos de números e de conteúdos curriculares. [...] O mercado determina a competência, não apenas os diplomas. O mercado dos formados não precisa ser inteiramente provado, nem podemos negar uma utilidade social para além dos parâmetros de mercado *stricto sensu*, mas a formação profissional deve ser guiada mais pelas demandas econômicas do que pelas demandas sociais e políticas." (p 9). "A formação semiprofissional deveria receber um nível muito menor de subsídios do que ocorre atualmente. Quando se aproxima do modelo das *liberal arts* e de forma competente, seria concebível alguma justificativa de subsídios públicos.[...] De qualquer modo, os subsídios públicos à formação generalista no ensino superior em hipótese alguma deveriam ocorrer às expensas de uma melhoria das instituições de ensino primário e secundário que poderiam exercer a função igualmente bem ou até melhor." (p 16) "É no campo da formação semiprofissional que a necessidade de um sistema de credenciamento institucional se faz mais sentir, mesmo no caso em que funciona como um programa efetivo de *liberal arts*. Neste setor, o mercado é por

vincula-se, assim, à introjeção do modelo tecnicista — diríamos, sua "internalização", pois parece claro que a pretensa racionalidade consensual e a consequente desqualificação do oponente configuram procedimentos excludentes dos quais não está alheio um certo teor repressivo.

IX

A despolitização, o esvaziamento institucional, a prevalência de critérios economicistas e tecnocráticos, a descaracterização do trabalho acadêmico e a desfiguração da comunidade universitária sob a pressão das instâncias de controle gerencial provocam uma crise de identidade da universidade que tende a se transformar num estado permanente. As razões dessa tendência para a anomia são de duas ordens. Em primeiro lugar, a pressão gerencial fortemente apoiada no "discurso competente" de caráter oficializante produziu como resultado comportamentos conformistas ou reativos que não chegaram a configurar uma crítica profunda das mudanças estruturais que foram sendo introduzidas. Para isso contribuiu muito a estratégia "pragmática" dos competentes adeptos da universidade gerenciada, que recusam como inútil e fora de propósito qualquer discussão dos princípios fundamentais que se colocam em causa numa controvérsia acerca da essência da universidade. Não há condições de promover esse tipo de debate porque ele foge por definição aos objetivos de tecnocratização da instituição. Em segundo lugar, a coincidência entre as posições que, do interior da universidade, defendem a sua adaptação imediata ao mundo da racionalidade produtiva

---

demais vagaroso, tangencial e indireto, embora também tenha o seu papel a cumprir." (p 20). Resumindo: 1) A formação "profissional" que a universidade oferece deve ser regulada pelo mercado, desde o número de matrículas até os conteúdos curriculares. 2) A formação "semiprofissional" (humanidades) não deve receber subsídio público. 3) A formação "semiprofissional", como não é inteiramente regulada pelo mercado, deve ser objeto de atenção dos órgãos educacionais, para manter o perfil adequado, isto é, coincidente com o que se denomina nos Estados Unidos *liberal arts*.

contribuíram significativamente para amplificar as pressões externas, sobretudo governamentais, a ponto de não se vislumbrar mais qualquer possibilidade de vida acadêmica que fuja aos padrões impostos pelo novo liberalismo. Seria talvez exagerado dizer que já se fabricou inteiramente o consenso na Universidade, pois ainda há vozes discordantes, mas nota-se uma perplexidade significativa: desde a Nova República, a divisão, instituída pelos defensores da universidade gerenciada, entre universidade "do conhecimento" e universidade "alinhada" introduziu um novo divisor de águas. A comunidade universitária não tem que defrontar-se "apenas" com o governo, com as forças obscurantistas da sociedade, com os interesses imediatistas do "setor produtivo", com a proliferação de critérios exclusivistas e unilaterais de uma sociedade cada vez mais regida pelo consumismo desintegrador da atualidade; mas a própria comunidade se encontra internamente cindida entre a resistência e a adaptação à modernização. Enquanto instância crítica, fora de seu tempo histórico e mal tolerada pelo entorno oficial e social, a universidade, principalmente a USP, habituou-se a resistir às pressões externas, valendo-se de uma certa coesão, relativa e difusa, por certo, em torno de algo a que se poderia chamar, um tanto vagamente, de ideia de universidade, e que, embora não muito bem definida, servia para aglutinar, opondo os defensores de "dentro" aos atacantes e detratores "de fora". Por cima de todas as divergências, havia uma identidade, expressa principalmente no esforço de autopreservação do núcleo institucional: a Faculdade de Filosofia, Ciências e Letras.

Atualmente nem mesmo é possível localizar em algum estrato da instituição essa difícil identificação de propósitos. E a Faculdade de Filosofia, Letras e Ciências Humanas já não cumpre, desde há muito tempo, a função de guardiã da identidade universitária porque no seu interior fortifica-se a cada dia um movimento de autodesidentificação expresso na recusa do passado, da memória e do ideal. Num esforço caracteristicamente paradoxal, em que a vontade de sobrevivência parece internamente pautada pela tática suicida, a FFLCH, nisto retratanto a instituição no seu todo, procura distanciar-se de si mesma para reencontrar-se numa projeção heterônoma, como se a única possibilidade de salvação estivesse na autonegação, proclamada e reiterada, mais do que isso, demonstrada praticamente, para que não paire dúvidas, junto a quem de direito, de que sua disposição para integrar-se aos novos tempos só é superada pelo empenho de anular em si mesma a última e incômoda lembrança que a Universidade poderia ter de si própria.

Isso não quer dizer que a FFLCH pretende se integrar num novo projeto universitário. Ela não poderia fazê-lo porque não existe um novo projeto institucional, pela simples razão de que o percurso atualmente seguido é justamente o de desintegração institucional. Nisto a universidade responde a solicitações de um contexto maior, nacional e internacional. Uma instituição se legitima na medida em que o reconhecimento coletivo de sua especificidade lhe garante a autonomia de que necessita para preservar-se e desenvolver-se. A universidade como instituição se legitima quando lhe é reconhecida a função de expressar os valores universais inscritos na finalidade de produção e transmissão de conhecimento. Para tanto ela deve incorporar criticamente a tradição e os valores para cumprir a finalidade de recriá-los historicamente e repor assim as condições de reconhecimento coletivo da identidade política, social e histórica dos indivíduos.

Ora, nada mais contrário ao projeto político de despolitização e de dissolução do espaço público atualmente em curso no mundo em vias de globalização. Esse processo, na sua própria índole, é profundamente contrário à ideia de instituição, conforme se definiu acima. Ele só pode ser realizado pela aglutinação de interesses individuais e de grupos na forma da *organização*. A organização nada tem a ver com tradição e valores; ela pertence à ordem instrumental, e a sua sobrevivência se dá por via de uma constante autoadaptação, com vistas à obtenção de fins particulares.[32] A justificativa de uma organização e

---

32. Cf. a respeito FREITAG, M., *Le Naufrage de l'Université*, Nuit Blanche/

a sua autossuficiência são inseparáveis do seu êxito em termos de eficácia operacional. Isso significa que o critério de legitimidade de uma organização é unicamente a utilidade. Consequentemente, a organização nunca pode ter uma destinação *pública*. A inserção pública de uma organização é essencialmente instrumental; ela faz uso da esfera pública para a obtenção dos seus fins. O critério de eficácia e êxito operacionais definem a organização como um organismo que vive *de* seu meio e não *para* o seu meio.

Um dos fenômenos mais característicos da contemporaneidade é a anulação da distinção entre *instituição* e *organização*. Essa indistinção provém da hegemonia dos critérios utilitários, tornados valores. Aqui se encontra uma explicação mais geral para a distinção que fizemos acima entre *instituição* e *sistema*. O sistema (a eficácia operacional) tende a destituir a instituição (regulação dos meios pelos fins) porque a atualidade vê a eficácia organizacional como um fim em si mesma e como a *única* finalidade. Na medida em que legitimidade e utilidade imediata se sobrepõem, e os critérios utilitaristas se transformam em normas, deixa de ter sentido qualquer instituição que se governe pela mediação crítica e pela recusa da normatividade extrínseca. A existência de uma tal instituição torna-se profundamente contrária à autoridade e ao poder, porque o lugar institucional neste caso se identifica com o espaço público do debate e da reflexão. Como não é possível o exercício imediato da autoridade numa

---

La Découverte, Québec/ Paris, 1995, por exemplo, p 31: "*Les universités, avant d'être des organizations, sont des institutions. L'éffacement de cette distinction est en fait au coeur du problème qui est traité ici. En un mot, l'institution se définit par la nature de sa finalité, qui est posée, définie et rapportée sur le plan global de la societé, et elle participe du développement 'expressif" des valeurs à prétention universelle qui sont propres à la fin qu'elle sert. Cela implique pour l'institution l'exigence d'une réconnaissance collective ou publique de légitimité (culturelle, idéologique, politique) et, à l'intérieur de celle-ci, la disposition d'une marge essentielle d'autonomie. [...] L'organization se définit par contre de manière instrumentale: elle appartient à l'ordre de l'adaptation des moyens en vue de l'atteinte d'un but ou d'un objectif particulier. [...] L'aspect institutionnel renvoi à la priorité des fins, l'aspect organizationnel, à la priorité des moyens.*"

sociedade em que prevaleça o *espaço público*, a universidade enquanto instituição torna-se um estorvo e um aparato arcaico em qualquer sistema de poder que pretenda substituir a mediação política pela imposição tecnocrática da autoridade, exercício direto de um poder que é respaldado na razão técnica e não no diálogo e na persuasão política. O caráter imediato desse poder não pode conviver com a institucionalização da crítica e do debate, já que substituiu as mediações propriamente políticas por instâncias autoritárias de formação e de controle de opinião. Por isso, uma sociedade em que predomina a ideia de organização é uma sociedade de propaganda e de consumo, não de crítica e de discussão, e isto vale tanto para a preferência em relação ao creme dental quanto para a escolha do livro a ser lido, do filme a ser visto e do presidente que irá governar.

E não há dúvida de que esta é a razão *política* para que não haja projeto institucional em qualquer instância, e sobretudo na universidade. Mais uma vez nos encontramos com a razão *política* da inexistência do espaço *político*-institucional. Para tentar compreender como o sistema pretende incorporar esta contradição é preciso mencionar brevemente dois ou três motivos disseminados no discurso oficial acerca do ensino superior. Em primeiro lugar, insiste-se no decantado arcaísmo da instituição universitária, que não foi capaz de acompanhar o progresso da modernidade.

"Há uma percepção clara de que algo não vai bem no nosso ensino superior. Há uma nítida consciência de que muitos dos diplomas emitidos não servem para nada, não preparam nossos jovens para o mundo extremamente competitivo e exigente em que vivemos."[33]

Um dos motivos pelos quais é preciso reformar a Universidade é que ela *não se adaptou* à modernização da vida econômica, razão pela qual muito do que ela faz é inútil ou supérfluo, "muitos dos diplomas emitidos não servem para nada", o que é preocupante

---

33. Pronunciamento feito pelo Ministro da Educação Paulo Renato Souza no Seminário sobre Ensino Superior realizado em Brasília, em 16/12/96. Texto distribuído na ocasião, p 02.

tendo em vista que os diplomas inúteis estão sendo financiados pelo Estado. Se não se nega a relevância da universidade, como o documento faz questão de acentuar, é necessário que essa relevância seja pensada em função da utilidade que a universidade pode ter no "mundo extremamente competitivo e exigente em que vivemos". Para que a universidade venha a cumprir esta função, é preciso retraduzir alguns de seus princípios fundamentais: é preciso mostrar que a gratuidade e a indissociabilidade entre ensino e pesquisa, longe de serem princípios básicos, foram estratégias circunstanciais de implantação.

"Na tradição brasileira [...] as universidades de pesquisa foram pensadas como instituições públicas, inclusive porque seu custo não podia ser coberto pelas mensalidades dos alunos. Mesmo os setores que defenderam a inclusão da autonomia universitária na Constituição, tinham como referência as instituições públicas e não se levou em consideração o que isto podia significar para o setor privado. O problema central reside no fato de que, se as universidades de pesquisa são necessárias em qualquer país desenvolvido, seu custo e sua organização não permitem que todo o ensino superior seja organizado sob esta forma. A indissociabilidade, portanto, implica num outro tipo de organização do sistema de ensino, no qual há poucas universidades e muitos outros tipos de instituições."[34]

Seria preciso operar dois tipos de redução. Em primeiro lugar, o custo da "universidade de pesquisa" obriga a renunciar ao princípio de indissociabilidade, que foi algo a que os idealizadores da universidade chegaram por via das circunstâncias e do momento em que as universidades foram pensadas. Num momento de ampliação do ensino superior, sobretudo devido à proliferação das empresas privadas de ensino, manter a indissociabilidade seria frear o processo de expansão. É preciso então modificar o perfil universitário para adaptá-lo à tendência histórica. Essa seria a primeira redução: diminuição das exigências para permitir a atuação de organizações de ensino superior. A segunda redução decorre da primeira: poderíamos manter um pequeno número de "universidades de pesquisa", gerenciadas segundo os padrões

---

34. Idem, ibidem, p 09.

impostos pelas necessidades da modernização, e um grande número de organizações de ensino, que ocupariam a maior parte do espaço destinado à educação superior. Essa estratégia define o lugar da empresa privada de ensino superior de modo a não sobrecarregá-la com o ônus da pesquisa e de outras exigências próprias da antiga universidade. Fica dessa maneira legitimada a implementação de um ensino superior fora dos moldes universitários convencionais, o que certamente estará mais de acordo com as exigências do "mundo competitivo". De acordo com este processo de racionalização haveria ainda que pensar na "questão do desenvolvimento tecnológico que não foi, de fato, equacionada, pois a relação da universidade com o setor produtivo é, ainda, muito limitada". Essa limitação provém de que a universidade, pelo menos em alguns de seus setores, tais como humanidades e ciências básicas, mantém ainda um certo distanciamento do mercado, o que é condição de autonomia no ensino e na pesquisa. É esse distanciamento que torna a universidade alheia "ao mundo competitivo e exigente", em que certos diplomas não valem nada. O estabelecimento de uma relação mais orgânica com o setor produtivo serviria para a universidade assimilar os critérios que lhe permitiriam livrar-se do lastro inútil que ainda carrega por inércia.

Essa pequena amostragem do discurso oficial pretendeu ilustrar o processo de anulação das diferenças entre instituição e organização, que no Brasil assume o caminho de uma sistemática mutilação da instituição universitária, por via de pressões de várias ordens, corroboradas internamente, e que deve resultar, a médio prazo, na inviabilidade da instituição pública por força da hegemonia econômico-política das organizações privadas de ensino, que vêm recebendo estímulo e reforço dos organismos governamentais através de estratégias de legitimação, das quais a mais significativa é o Exame Nacional de Cursos (Provão). Creio que não seria exagerado constatar que há fortes indicadores de uma intenção deliberada de dissolver o perfil institucional de universidade, não apenas através do reforço da privatização mas também através do exercício de pressões para que a universidade pública vá progressivamente adotando o modelo organizacional. Como dissemos, uma significativa parcela da própria comunidade universitária corrobora essa transformação. Cresce a cada dia, no interior da universidade, a crença de que todas dificuldades, obstáculos e mazelas da instituição derivam do modelo *público* de gestão. Por não ter que competir no mercado, a universidade pública acomoda-se no corporativismo e no isolamento das necessidades sociais, ignorando as solicitações de um mundo em acelerado processo de modernização econômica. Mas como não é possível separar a gestão administrativa da estrutura acadêmica, a intenção de integrar-se na modernidade torna-se inseparável das propostas de mudança radical na própria concepção de universidade. É significativo, por exemplo, que procedam da própria comunidade declarações como esta:

"Nos dias de hoje, em um grande número de universidades, observa-se que em lugar de adotar como lema a proteção de todos os conhecimentos e da ciência, elas preferem celebrar as suas realizações como produtoras de conhecimentos úteis."[35]

Sempre se poderia questionar o critério a partir do qual se qualifica um conhecimento de "útil". No contexto atual essa seria uma objeção inócua e ultrapassada, pois a fixação de tais critérios já não passa mais por qualquer discussão de princípio ou teórica, mas ocorre naturalmente a partir de demandas concretas do "setor produtivo". Em vez das antigas formas de conhecimento ("conhecimentos proposicionais"), a nova forma que desponta nas universidades norte-americanas é

"construída em torno do conhecimento em uso ou que está despontando, logo, endereçada à resolução de problemas que vão aparecendo de imediato. Isso significa, em essência, que a definição de conhecimento tem

---

35. PUDLES, J., *Desafios Tecnológicos e as Exigências da Sociedade*, Revista ADUSP, número 13, abril de 1998, p 26. O autor é professor do ICB da USP e foi pesquisador do CNRS e das Universidades de Zurich, Paris, Harvard, Tóquio e Brandeis. Fala, portanto, respaldado numa experiência muito ampla, que lhe permite detectar o rumo que tende a tomar a universidade em todo o mundo.

passado de uma visão 'contemplativa' para uma visão mais operacional e instrumental".[36]

Não há nada de surpreendente no fato de que essa grande mudança no significado do conhecimento tenha sido originada nas exigências do mercado e não na reflexão epistemológica — a qual, aliás, já se presta a justificar a mutação. A implicação, no entanto, é de largo alcance: o que se nota com suficiente clareza é que a inserção da universidade num contexto mercadológico repercute até mesmo na concepção de conhecimento que nela predomina. É como se a recusa de um certo perfil institucional historicamente construído estivesse em íntima relação com alguma revolução epistemológica, em que se passaria do conhecimento "contemplativo" para o "instrumental". Deixando de lado equívocos metateóricos, que no contexto não têm a mínima importância, o importante é assinalar que, mais do que modificar o seu perfil, o que a universidade faz neste caso é sujeitar-se inteiramente às exigências do entorno tecnológico e empresarial. Não se trata de reformular projetos; trata-se de renunciar inteiramente a qualquer projeto, já que a única finalidade é o *serviço* que deverá ser prestado. Coaduna-se com isso a proposta de uma nova visão de universidade:

"Ela não é somente uma criadora de conhecimentos, formadora de jovens ou transmissora de cultura; é também considerada um dos maiores agentes de crescimento econômico. Nos dias de hoje, os governos consideram as universidades como laboratórios de pesquisa e desenvolvimento da nação e a instituição responsável pelo aumento do 'capital humano' que permite a um país obter melhores condições de competir na economia global."[37]

A clareza do texto nos dispensa de maiores comentários, inclusive porque interessa menos a maneira como são construídas as afirmações do que aquilo que elas representam em termos de uma tendência que já se tornou irreversível dentro e fora

---

36. PUDLES, J., art. cit., p 26.
37. PUDLES, J., art. cit., p 24.

da universidade. As condições do mercado tecnológico nos Estados Unidos tornam apenas mais nítida e caracterizada uma atitude que em princípio é a mesma onde quer que a universidade seja vista como devendo servir ao crescimento econômico — que no nosso país é identificado com o atendimento das necessidades sociais. Para tanto a universidade deve *organizar-se*, isto é, renunciar ao perfil caracteristicamente institucional e público, tornando-se uma *organização do setor terciário*, isto é, uma prestadora de serviços. O que se cobra da universidade é que ela deixe de entender que sua relevância é de ordem crítico-institucional, e passe a reconhecer que a sua função e o seu lugar estão previamente demarcados pelas regras de competição na "economia global", competição na qual ela se insere ao organizar-se de modo a fornecer insumos para o desempenho econômico.

Estamos algo distantes dos ideais dos liberais fundadores dos anos 1930. Naquele momento, com a sociedade em formação, pretendia-se que a Universidade fosse a instância orientadora dos rumos políticos do país, e a essa orientação deveriam subordinar-se, pensava-se, todas as decisões que viessem a definir a conduta do Estado e da sociedade. Com isto se poderia instalar uma oposição efetiva ao exercício oligárquico da autoridade, que era visto como a ação bruta e não pautada pelo pensamento. Quaisquer que fossem os interesses em jogo, acreditava-se que alguma relação deveria existir entre pensamento e ação política, razão pela qual a fundação de uma instituição que abrigasse o pensamento podia fazer parte de um projeto político de "regeneração".

Atualmente, a Universidade vê-se de novo às voltas com o liberalismo. É tempo de retomar a nossa questão inicial: a relação entre o projeto fundador daquele liberalismo e a intenção terminal do neoliberalismo. *Liberalismo* indicaria algum traço comum, subjacente de forma profunda à distância histórica e ideológica que marca a diferença entre a criação e a destruição? Creio que se pode fazer uma primeira distinção. Os liberais fundadores tinham um projeto político-educacional essencialmente vinculado à institucionalização de uma concepção de educação e cultura para o que era absolutamente necessário o comprometimento do Estado. De alguma maneira a força propulsora da ideia coincidia com a contradição que a atravessava: de um lado o caráter público e gratuito vistos como componentes intrínsecos do projeto; de outro a intenção de formar elites para introduzir na dominação política os componentes intelectual e cultural que a justificasse. O neoliberalismo não tem propriamente um projeto. O desaparecimento de qualquer justificativa humanista da estrutura ideológica e a hegemonia do economicismo tecnocrático torna desnecessário o projeto político. Talvez não fosse totalmente fora de propósito diferenciar os dois liberalismos qualificando o primeiro de *político* e o segundo de *tecnocrático*. A ausência de projeto político no liberalismo tecnocrático não é acidental; é consequência da desvalorização da política, contrapartida da hegemonia da técnica. Mas há de se notar um outro efeito: a autonomia tecnocrática do neoliberal possui uma outra face que é a da alienação política, razão pela qual ele só pode participar do cenário político em condição heterônoma, de mercenário ou servidor.

Consequentemente, ele assumirá ou trabalhará para *algum* projeto, visto que isso é requisito para participar do jogo político. Ele colocará sua capacidade tecnogerencial a serviço de algum projeto político. Ora, num contexto de modernização conservadora, as forças mais fundamentalmente conservadoras, que são as oligarquias, necessitam de um cabedal de racionalidade técnica para satisfazer as exigências gerenciais impostas pelos organismos representativos do capitalismo central, como condição para que o país seja admitido na esfera da economia global. Então se dá o encontro entre o tecnocrata à procura de um projeto que o sustente e o oligarca à procura de um tecnocrata que viabilize o seu projeto. Não se trata propriamente de uma aliança, visto que não houve fusão de projetos políticos. Há um só projeto político, e uma tecnocracia que o implementa: algo do gênero de uma contratação de serviços, mas com autonomia técnica do profissional, porque a competitividade internacional exige um gerenciamento técnico que o oligarca conservador descuidou de adquirir.

Não se pode deixar de notar algo como a ironia da história, que fez com que os liberais de hoje se unissem e servissem àqueles aos quais se opunha o projeto político dos liberais de ontem. Mas aí pode residir também alguma explicação, que nos ajude inclusive a compreender a ânsia arrasadora dos espaços institucionais de que estão tomados os neoliberais e que não se explica inteiramente pela visão de seus mentores políticos. A história do liberalismo no Brasil parece mostrar que ele tem uma espécie de vulnerabilidade congênita, isto é, deixa-se contaminar pelo autoritarismo com o qual convive e ao qual se opõe. Já vimos isso a propósito da associação entre os liberais paulistas e o Estado Novo. Isso significa duas coisas. Em primeiro lugar, toda vitória do liberalismo sobre o autoritarismo é sempre meia-vitória, e as duas partes sabem disso. Em segundo lugar, o liberalismo, quando no poder, ou mesmo quando aliado do poder, torna-se inevitavelmente autoritário, porque a concepção liberal de liberdade convive mal com a liberdade *do outro*. São de extrema perspicácia as palavras usadas por Alfredo Bosi para definir o liberalismo: "liberalismo é a liberdade de ser autoritário".[38] Ora, o oligarca autoritário precisa, para manter a sua autoridade, dar ao liberal, seu preposto tecnocrata, a liberdade de ser autoritário. É a partir deste casamento que se compreende como a tecnocracia pode ser o traço de união entre o liberalismo e o autoritarismo, de modo que não deve surpreender os rompantes totalitários do neoliberal quando compartilha o poder.

O componente tecnocrático fortalece o autoritarismo, porque o tecnocrata julga que sua autoridade está justificada pela competência, e assim ela não seria acidental, gratuita ou apenas politicamente herdada, mas algo que lhe é devido por mérito. Nesta situação, é como se a intolerância ganhasse um *fundamento objetivo*. Daí a impropriedade de qualquer crítica e

---

38. BOSI, A., Prefácio a CARDOSO, I., *A Universidade da Comunhão Paulista*, ob. cit.

de qualquer oposição. A autolegitimação exacerbada evidentemente não necessita do espaço político de legitimação, que supõe a mediação da pluralidade. No limite, todos os espaços político-institucionais de crítica, reflexão e debate só podem acarretar atraso no processo de modernização tecnocrática e conservadora: o que há de se conservar não está em discussão, por definição; o que há de se impor tecnicamente tampouco, posto que é assunto de especialistas.

Eis-nos diante de um quadro de surpreendente continuidade. O autoritarismo da ditadura apoiado na repressão; o autoritarismo da Nova República apoiado na competência que desqualifica qualquer diferença; e o autoritarismo da tecnoburocracia neoliberal que pretende suprimir todas as instâncias críticas de pluralismo. A universidade resistiu ao primeiro autoritarismo; sobreviveu ao segundo; ainda não há sinais de que esteja decididamente enfrentando o terceiro, até pelo contrário: parece ter assumido a modernização tecnocrática como o perfil definitivo, finalmente encontrado. Nesse caso, a resistência se transformará em incorporação. É a hipótese que está em questão. Se confirmada, essa "velha senhora"[39] não morrerá com dignidade.

---

39. Gérard Lebrun escreveu, em 1986, a propósito das reformas discutidas a partir do relatório GERES: "[...] eu me espanto de ver que os médicos mais zelosos dessa velha senhora lhe prescrevem uma beberagem que lhe será fatal. Todos devem ter o direito de morrer em paz." (*Folha de S. Paulo*, 31/8/86).

A perda da experiência da formação na universidade contemporânea

Por ocasião de um debate radiofônico com Hemut Becker sobre as finalidades da educação, em 1966, Adorno definiu a educação como "*a produção de uma consciência verdadeira*".[1] A princípio, seríamos tentados a considerar que a generalidade da definição a torna quase anódina. Ela parece respeitar todos os termos e condições em que tradicionalmente se equacionou o problema da educação. Pois desde o cuidado socrático com a alma estamos habituados a ouvir e a ler que a pedagogia tem a função de conduzir a consciência individual a apropriar-se da verdade acerca de si e acerca do mundo. Mas o contexto em que essa definição é proferida nos leva a interpretá-la muito mais como o enunciado de uma questão do que como uma afirmação peremptória. Com efeito, há uma enorme diferença entre falar de *consciência* e de *verdade* num contexto histórico de pensamento em que essas noções se encontram elaboradas dentro de um sistema de ideias ordenado e coerente, em que os pressupostos adotados respondem pela consistência interna da totalidade e das relações entre todos os elementos que a compõem; e enunciar essas mesmas noções numa época histórica em que elas estão afetadas por um intenso processo de dissolução. Ora, é esse último contexto que caracteriza a situação a partir da qual se pode falar, na atualidade, de consciência e de verdade.

Vivemos o paradoxo histórico, que o próprio Adorno tentou reiteradamente compreender e que constitui o eixo de seu pensamento crítico, de uma herança civilizatória que desmentiu —

---

1. ADORNO, T. W. "Educação — para quê?" *in Educação e Emancipação*. Trad. brasileira de W. L. Maar, Paz e Terra, Rio de Janeiro, 1995, p 141.

ou traiu —, no decorrer de sua própria constituição, os pressupostos implicados na sua gênese. Aquilo a que poderíamos chamar a proposta da modernidade, como sabemos, orienta-se por um horizonte em que a emancipação da razão deveria produzir, como frutos de um conhecimento fundado em bases exclusivamente racionais, a perfeita integração entre o saber e a ação, a teoria e a prática, do que resultaria a realização humana em todos os aspectos, isto é, a consecução de todos os fins humanos, como preconizava Descartes. O humanismo moderno, na sua origem, concebia muito naturalmente a consolidação do império do homem como sendo também, e necessariamente, a efetivação da sua felicidade. Essa ideia de um ser humano completo, completamente realizado, não é apenas a versão laica da bem-aventurança, mas é principalmente a afirmação da liberdade da consciência como o fundamento da verdade que agora aparece para o homem no plano daquilo que pode atingir por si mesmo. Importa enfatizar, portanto, a vinculação, no humanismo clássico, entre *consciência, verdade* e *felicidade*. E desde já podemos notar que no enunciado pelo qual Adorno define a educação, a consciência e a verdade estão vinculadas, mas a felicidade está ausente. Compreenderemos a diferença entre o contexto das origens modernas do humanismo e aquele que vivemos contemporaneamente se entendermos que essa ausência não é, de forma alguma, acidental. Trata-se de um vazio que constitui a nossa atualidade, que portanto nos constitui enquanto herdeiros históricos de uma certeza que se revelou uma esperança perdida.

Não podemos certamente recuperar essa esperança, mas podemos ao menos tentar compreender as causas que a tornaram frustrada. Na impossibilidade de um exame mais pormenorizado dessas causas, diremos apenas, alertando para a inevitável simplificação, que o processo de desenvolvimento da razão emancipada — aquela que se pretendia como sustentáculo de um equilíbrio perfeito entre a teoria e a prática — provocou efeitos civilizatórios contrários aos seus pressupostos, exatamente pela impossibilidade de manutenção desse equilíbrio entre a razão como *meio* de produção de instrumentos científicos e técnicos de aprimoramento da civilização e a mesma razão como discernimento dos fins humanos a que tais instrumentos deveriam servir, para o efetivo aprimoramento da vida. É precisamente esse desequilíbrio, e a consequente prevalência dos meios, isto é, da razão puramente instrumental, que nos coloca hoje na posição, impensável para um humanista clássico, de poder enunciar a pergunta: progresso — para quê? Isso significa que a separação entre meios e fins, que na origem tinha o propósito de permitir a articulação das duas instâncias na unidade da razão, tornou-se um isolamento e uma desconexão total e absoluta entre meios e fins, o que tende a fazer da racionalidade técnica e instrumental uma força cega, empenhada numa trajetória que acabou por fazer de si própria a única referência de percurso.

É evidente que essa quebra na unidade originária dos dois polos de racionalidade — o teórico e o prático — bem como a progressiva intensificação de uma nova articulação, não apenas dividiu a consciência, como também desencadeou um processo, que parece estar bem adiantado, de dissolução da dimensão da subjetividade em que o homem poderia reconhecer a autonomia de suas ações e o próprio teor humano, individual e comunitário, dos fins a serem perseguidos. O que significa que o processo de autonomização racional produziu um fenômeno de *unilateralidade*: a perda da dimensão prática, ética, ativa, da subjetividade. Trata-se da situação, atualmente vivida, da perda das referências éticas, ou da substância ética da vida. Deve-se entender isso como unilateralidade porque não se trata apenas de uma divisão ou de uma tensão entre elementos diversos; o que ocorre é uma anulação da relação ético-prática com o mundo, o que resulta numa anulação da subjetividade, já que o *sujeito* perdeu o equilíbrio que o sustentaria na articulação entre meios e fins, e dessa maneira perdeu a possibilidade de produzir a *verdade histórica* que preencheria a existência com um sentido efetivo. Daí as expressões "crise de sentido" e "crise de valores" que são muitas vezes utilizadas para designar a época contemporânea.

Vivemos portanto numa época caracterizada pela dissolução da consciência e pela dissolução da verdade. É a partir dessa constatação que devemos procurar entender o significado da definição de Adorno: a educação é a *produção de uma consciência verdadeira*. Tanto mais que, na explicitação dessa definição, Adorno identifica o caráter verdadeiro da consciência com a sua *emancipação*:

> "Isto [a produção de uma consciência emancipada] seria inclusive da maior importância política; sua ideia, se é permitido dizer assim, é uma exigência política. Isto é: uma democracia com o dever de não apenas funcionar, mas de operar conforme o seu conceito, demanda pessoas emancipadas. Uma democracia efetiva só pode ser imaginada enquanto uma sociedade de quem é emancipado."[2]

A questão surge, então, colocada em toda a sua contundência: como se pode falar de consciência emancipada precisamente num contexto histórico em que as condições objetivas provocam a dissolução da subjetividade? Como educar para a emancipação se as determinações sociais e históricas pressionam no sentido da anulação do sujeito enquanto agente consciente e livre?

A bem dizer, não haveria resposta para essas questões, em sentido absoluto. Mas a *mediação política* que o texto de Adorno parece estabelecer entre educação e emancipação pode talvez nos indicar uma direção. A emancipação é uma "exigência política" da sociedade democrática. No entanto, a correspondência entre democracia e emancipação pode permanecer uma relação apenas formal. Quando a democracia não "opera conforme seu conceito" a sociedade não apenas parece prescindir da emancipação como até mesmo produz uma pressão sobre os indivíduos no sentido de que a emancipação não se torne uma realidade. Há, portanto, um componente antidemocrático nas sociedades formalmente democráticas, que as condições conjunturais podem exacerbar, a ponto de se produzir algo muito próximo de uma situação totalitária no interior da própria democracia. Isso acontece quando os indivíduos assimilam o que Adorno chama de "ideais exteriores" sem que estes passem pelo crivo crítico de uma consciência emancipada. Ora, longe de ser exceção, isso é

---

2. ADORNO, T. W. Ob. Cit., pp 141–2.

antes a regra. É uma decorrência do "mundo administrado", isto é, de um mundo organizado ideologicamente, no qual se perdeu a possibilidade de "visão de mundo" no sentido teórico, em que a ideologia exerce uma pressão que parece não deixar qualquer interstício para uma conduta emancipada da consciência. Nesse sentido, quando se fala em emancipação, não se pode deixar de "levar em conta o peso imensurável do obscurecimento da consciência pelo existente".[3] Qual é a causa desse obscurecimento? Ela pode ser encontrada, segundo Adorno, numa atitude de hiper-realismo que leva as pessoas a entenderem que a única conduta coerente perante a realidade (o existente) é a *adaptação*.

"Se posso crer em minhas observações, suporia mesmo que entre os jovens e, sobretudo, entre as crianças, encontra-se algo como um realismo supervalorizado — talvez o correto fosse: pseudorrealismo — que remete a uma cicatriz. Pelo fato de o processo de adaptação ser tão desmesuradamente forçado por todo o contexto em que os homens vivem, eles precisam impor a adaptação a si mesmos de um modo dolorido, exagerando o realismo em relação a si mesmos..."[4]

A introjeção de "ideais exteriores" tornou-se um componente da vida em sociedade, no mundo administrado, de modo que a autopreparação para a adaptação, e, sobretudo, a ideia de que a sociabilidade significa sempre adaptação, não permite que as pessoas notem que esse processo agride a consciência, por ser essencialmente antiemancipatório. Trata-se da concepção de que a realidade é intocável e imutável: é este o sentido do hiper-realismo, a aceitação pura e simples à qual se segue naturalmente a adaptação, *como se não fosse possível agir de outra maneira, já que a realidade por sua vez também não pode se apresentar de outra forma.*

É desse modo que a consciência se produz a si mesma como falsa, naturalizando a sua relação com o mundo. É próprio do ser natural viver de um único modo e sempre o mesmo; a consciência humana tem como sua diferença a prerrogativa da escolha, e

---

3. ADORNO, T. W. Ob. Cit., p 143.
4. ADORNO, T. W. Ob. Cit., p 145.

quando nega essa diferença nega a si própria. A adaptação é portanto a maneira pela qual o sujeito participa do processo objetivo que provoca a sua própria anulação, numa espécie de cumplicidade encorajada pelas próprias condições históricas. Nem é necessário observar que a educação tem muito a ver com essa confluência entre o hiper-realismo do sujeito e as determinações históricas de um contexto que não pode suportar consciências emancipadas. É o processo de ajustamento, que dissimula nas suas próprias formas de realização a essência autoritária que o define. O que resulta desse processo é um empobrecimento e uma desfiguração da *experiência*. "A experiência é um processo autorreflexivo em que a relação com o objeto forma a mediação pela qual se forma o sujeito em sua 'objetividade' ".[5]

Nunca enfatizaremos suficientemente a relação entre *sujeito, experiência e formação*. Em primeiro lugar cabe observar que a experiência é um processo de formação do sujeito. Este portanto não é aquela substância metafísica que Descartes julgou descobrir refletindo sobre o procedimento de duvidar. A menos que este próprio procedimento de dúvida seja tomado como uma figura da relação mais ampla entre a consciência e os objetos na qual, por autorreflexão, *se forma* o sujeito, isto é, se estabelecem as mediações por via das quais o sujeito tomará consciência de si diante dos objetos. O sujeito não pode ser concebido separadamente de sua própria experiência e esta só pode ser concebida como o dinamismo de formação do sujeito por via de sua autorreflexão. Não há, portanto, qualquer modelo ideal e exterior de experiência, assim como não pode existir um paradigma de constituição da subjetividade. Mas há um horizonte regulador com o qual podemos confrontar a cada momento a experiência de formação da subjetividade: é a *formação realizada*, isto é, a subjetividade plenamente constituída na experiência — o que em termos hegelianos seria a "ciência da experiência da consciência". Tal ponto jamais será atingido porque o homem é um

---

5. MAAR, W. L. *À Guisa de Introdução: Adorno e a Experiência Formativa.* in ADORNO, T. W. Ob. cit., p 24.

ser histórico e não lhe encontraríamos um sentido se a história fosse finalizada. Portanto a formação como processo de experiência de uma subjetividade que constantemente se constitui na temporalidade histórica poderia ser entendido como o sentido da emancipação. O que nos impede de conferir à noção de emancipação uma significação apenas conceitual e abstrata. Concretamente, sabemos que a experiência de constituição da subjetividade, que seria uma trajetória de emancipação do indivíduo, é travada pelas condições sociais e históricas.

Mas como somos seres históricos e não naturais, somos consciências e, em termos sartrianos, consciência significa antecipação de si mesmo, então podemos exercer a liberdade de negar a realidade presente, o que deveria ser um momento dialético de nossa relação histórica com o mundo. Essa negação, enquanto recusa de *adaptação*, não substitui a ordem do existente mas pode suspender criticamente o processo de ajustamento derivado do realismo exacerbado. Negar a realidade presente não significa a pretensão de anular o mundo (como uma forma de reagir à anulação do sujeito), mas apenas compreender que a experiência inclui uma relação transformadora com o objeto, o que vem a ser também uma transformação do próprio sujeito. Em termos mais estritamente adornianos, seria a recusa do existente. Essa recusa é algo que se deve incorporar à experiência, para que ela não degenere em adaptação e ajustamento, mas possa se aproximar da *formação*. Qual será a via dessa aproximação?

"Mesmo correndo o risco de ser taxado de filósofo, o que, afinal, sou, diria que, [...] hoje em dia, [...] a única concretização efetiva da emancipação consiste em que aquelas poucas pessoas interessadas nesta direção orientem toda a sua energia para que a educação seja uma educação para a contradição e para a resistência."[6]

O que pode significar "uma educação para a contradição e para a resistência"? De acordo com o que vimos acerca do hiper-realismo, as pessoas são encorajadas a uma aquiescência total

---

6. ADORNO, T. W. "Educação e Emancipação". *in* Ob.cit., p 182-3.

ao que existe, como se fosse antinatural ou utópico ou insensato opor-se àquilo que se impõe como realidade. Essa atitude naturalista perante as coisas é tão difundida porque corresponde a um dogmatismo que nem sequer é fruto de crenças fortes, mas simplesmente desempenha uma função acomodadora. Ao hiper-realismo corresponde portanto algo como uma vontade de unicamente afirmar, no sentido de corroborar sempre a realidade. É a atrofia da capacidade crítica, certamente, mas devemos compreendê-la não apenas como empobrecimento existencial e cultural mas também do ponto de vista das condições objetivas, isto é, do clima de "consenso" naturalista que rechaça qualquer atitude de contestação e de crítica assim que elas ameaçam aparecer. Ora, o que se tem de considerar — e a educação pode desempenhar algum papel no desenvolvimento dessa postura — é que tudo que existe deve ser visto tanto pelo lado afirmativo da sua existência quanto pelo lado negativo de que poderia não existir e haver outra coisa em seu lugar. Essa relativização do existente somente pode ser operada por meio da negação. Negar não é suprimir pura e simplesmente; é pensar que sempre é possível uma outra posição. A realidade não é uma plenitude positiva e as coisas não existem de modo absoluto. Ainda que se concorde com isso em teoria, na prática as pessoas se comportam como se tudo fosse necessário, e essa lógica, que seria imanente às próprias coisas, pode justificar tudo. Esse é o aspecto perigoso do realismo exacerbado e da adaptação. Por isso a contradição do existente (no sentido de contradizê-lo) é uma atitude que aponta para a emancipação porque produz a resistência àquilo que é imposto como opção única de realidade. É o que vimos antes como a recusa do existente.

Essa atitude não é gratuita e nada tem a ver com um exercício da oposição simplesmente pela oposição. É algo que repõe nossa consciência no movimento que lhe deveria ser próprio, o da ação lastreada historicamente. Pois para um ser histórico, a abertura de possibilidades é sempre histórica. É nesse sentido que o passado histórico, por ex., adequadamente elaborado, pode sustentar a crítica do presente, não porque uma tal crítica se confunda com nostalgia ou desejo de volta ao passado, mas porque as possibilidades do passado, tanto as realizadas quanto as não realizadas, nos ajudam a ampliar e aprofundar os critérios de consideração do presente. Walter Benjamin mostrou esse componente de irrealização na história, que de alguma maneira deve ser recuperado numa visão não positivista do curso histórico. Mas é próprio do hiper-realismo a exaltação do presente, que por sua vez deriva da ideologia do progresso. É isto que faz com que a atitude crítica seja confundida com nostalgia, conservadorismo, catastrofismo, paranoia, utopia, desatualização etc. Quando se considera a história apenas para exaltar o presente e a linearidade necessária do progresso, de fato se recusa a história, porque se deixa de ver que, no seu movimento dialético, muitas vezes a história realiza possibilidades na forma da própria negação delas. Como compreender de outra maneira que as possibilidades emancipatórias que o humanismo moderno continha na sua origem foram negadas no desenvolvimento histórico, e negadas pelos próprios meios que deveriam servir à sua realização, ou seja, aqueles implicados na autonomia da razão? Como explicar que o progresso da tecnologia e as revoluções industriais, o acervo impressionante de descobertas que a ciência acumulou no espaço de quatro séculos tenham contribuído para fazer desmoronar as promessas de felicidade e para tornar opaco o futuro no que se refere à realização das finalidades humanas? Sem a consideração dessas contradições tão incrustadas na vida histórica, não há como compreender a *experiência humana* nos termos da sua realidade e das suas possibilidades. E assim não há como compreender também a constituição do humano como experiência de formação, ainda que tivéssemos de compreendê-la como experiência abortada.

Pois o que se pode depreender do que foi dito é que estamos diante de uma experiência *arruinada*. A conformação histórica tomada pela modernidade, ao truncar a experiência, descaracteriza a formação do sujeito ao interferir decisivamente — e negativamente — no processo de autorreflexão. A impossibilidade de autorreflexão configura a heteronomia do sujeito, pois tudo se passa como se o sujeito vivesse uma experiência alheia a si próprio. É a isso que se costuma chamar "experiência da alienação", expressão que, no rigor dos termos, é contraditória, se admitimos que o sentido verdadeiro de *experiência* é inseparável de *autorreflexão formadora*, requisito da autonomia. É importante enfatizar a noção de *experiência* na sua vinculação à *formação* para não sucumbirmos à tentação de entender a impossibilidade aqui descrita como a perda de algum "ideal formativo" que se teria desgastado nos avatares da história cultural. Não se trata de admitir um ideal não realizado, um princípio absoluto de orientação ao qual a experiência histórica não teria conseguido ser fiel. Esse platonismo comprometeria a experiência humana com a heteronomia no próprio processo de sua constituição, devido à prevalência de um paradigma externo. As experiências humanas moldam a história e a história molda as experiências humanas: não se trata de um círculo vicioso, mas da própria definição de historicidade, ou da existência como vida histórica, cujo sentido está na relação dialética que a liberdade mantém com as determinações. De modo que devemos compreender que a *experiência* da subjetividade, da formação e da autonomia se constitui ou se desconstitui no rumo histórico da humanidade e a partir de condições objetivas.

E isso coloca o pensamento crítico diante de uma inevitável ambiguidade. Quando esse pensamento se liberta da remissão da finitude a ideais absolutos abre-se o campo de possibilidade para uma crítica imanente, uma vez que o pensamento e a ação passam a ser vistos na contingência do processo histórico. Ao mesmo tempo como o processo histórico realiza alguns possíveis e deixa outros sepultados ao longo do seu próprio percurso, a história efetiva aparece como que regida por uma necessidade imanente. Pois quando o acontecimento se torna passado, quando o presente já aconteceu, os possíveis que orbitavam em torno da realidade também se tornam passado. De que adianta perguntarmos, a partir do já ocorrido, como as coisas *poderiam ter ocorrido*? É dessa forma que se encoraja uma *explicação* totalmente positiva do passado histórico — e da história — que no entanto não é uma *compreensão* da história, porque deixa de lado exatamente o conflito de possibilidades que está no engendramento de cada presente. Já vimos como isso está na origem do fenômeno de adaptação enquanto aceitação absolutamente realista do presente, uma *conformação* à "objetividade" do presente histórico, atitude *conformista* que procura ignorar como o presente *se formou*. A *compreensão* da história, não no sentido de Dilthey, mas no sentido dialético, permite que o pensamento crítico se exerça de maneira consciente da ambiguidade a que nos referimos. Pois não preciso ascender até ideais transcendentes para escapar da aparente necessidade imanente ao processo histórico, se considerar essa necessidade como o triunfo de possibilidades tão contingentes quando aquelas que deixaram de se realizar. Esse componente de *irrealização* que se conserva na realização histórica nos permite relacionar a cristalização do passado com a liberdade dos agentes históricos que o construíram como presente. Ou seja, a consciência histórica tem que operar negativamente se quiser compreender que a história não são os *dados históricos* mas a experiência humana que nela se formou.

É essa compreensão que *forma* o sujeito histórico, isto é, que torna a sua *consciência verdadeira*. Ora, se a formação tem algo a ver com a educação, essa relação só pode se dar com uma *educação crítica*, uma educação que subverta os padrões adaptativos impostos pela desagregação histórica da experiência. A formação significa, entre outras coisas, a possibilidade de o sujeito articular-se historicamente, ou seja, equilibrar a sua inserção no presente a partir de uma articulação entre o presente e o passado históricos. Já vimos que não pode haver crítica do presente se ele for considerado absoluto, e se o futuro só puder ser considerado como uma extensão meramente quantitativa do tempo presente. A apropriação crítica do presente é inseparável da sua relativização.

"*A educação crítica é tendencialmente subversiva. É preciso romper com a educação enquanto mera apropriação de instrumental técnico e recei-*

tuário para a eficiência, insistindo no aprendizado aberto à elaboração da história e ao contato com o outro não-idêntico, o diferenciado."[7]

A questão que se põe a seguir é tão difícil quanto é clara e coerente a conclusão a que chega o texto citado: é possível que a educação institucionalizada venha a assumir essa perspectiva? A princípio essa pergunta parece ser uma daquelas que alguém só faz porque já sabe antecipadamente a resposta. Mas é de se supor que a questão encerra muito mais do que um efeito retórico. Se a perda da possibilidade da experiência formativa é "uma tendência objetiva da sociedade", correspondendo ao seu "próprio modo de produzir-se e reproduzir-se",[8] e se tal tendência é acentuada no estágio atual do capitalismo, talvez não se possa esperar dos agentes históricos uma reversão do processo. O interesse historicamente estabelecido a partir da necessidade de dominação pela administração das consciências jamais poderia aceitar uma educação crítica. A situação é tanto mais complexa e grave quanto esse interesse não atua na forma de uma determinação bruta e explicitamente repressiva, mas de maneira insinuante e pela introjeção de padrões que os indivíduos acreditam serem os modos espontâneos de relação entre consciência e mundo. A mercantilização da educação é, entre nós, a prova mais viva do êxito dessa estratégia, pois significa que a sociedade já aceitou inteiramente que a educação é um *produto*, com o qual devemos estabelecer a mesma relação de objetividade formal que estabelecemos com todos os outros *produtos e serviços* que são oferecidos para consumo. E o produto educacional universitário é justamente aquele que poderia realizar de forma mais conclusiva a adaptação do indivíduo ao mundo presente e ao mundo futuro pensado como extensão do presente. A ampliação do comércio educacional, que nos últimos anos alcançou entre nós proporções nunca vistas, atinge principalmente o segmento uni-

---

7. MAAR, W. L. *À Guisa de Introdução: Adorno e a Experiência Formativa.* in Ob. Cit., p 27.
8. MAAR, W. L. Ob. Cit., p 26.

versitário, haja vista a inflação de universidades e centros universitários privados.

Porém quando falamos em "educação institucionalizada" parece que habitualmente ainda queremos nos referir à escola pública, por via de uma ligação mais forte, que o passado provavelmente legitimou, entre o *público* e o *institucional*. Deveríamos então fazer uma diferença entre instituição pública educacional, principalmente a universidade, e as empresas privadas de educação universitária, entendendo que o interesse historicamente estabelecido, a que nos referimos há pouco, atuaria com menos intensidade na universidade pública, a qual, justamente por ser *pública*, refletiria de forma menos imediata os objetivos pragmáticos que as organizações privadas proclamam tão abertamente? Em suma, o espaço de pensamento crítico que permite a formação estaria ainda preservado, de alguma maneira, na universidade pública? Creio que se deve responder negativamente a essa pergunta, mas, para prevenir a acusação de radicalismo ou de catastrofismo, convém explicitar as razões da resposta negativa.

O argumento tradicional para a convivência do ensino privado com o ensino público consiste em afirmar que, numa democracia, as pessoas devem ter o direito de escolha e de exercer opções dentro dos limites legais. É o que fundamenta a liberdade de crença religiosa, de adesão política, de trabalho etc. A educação estando entre as possibilidades de opção, é necessário que exista a escola privada como alternativa ao ensino público, para contentar os que desejam optar por educar seus filhos ou educar-se numa escola particular. Essa seria a razão da *convivência* de dois sistemas. A convivência democrática supõe que a existência dos dois elementos nunca poderá chegar a um grau de diferenciação e supremacia que resulte em ameaça de extinção de um deles. Todos nós sabemos com que ardor os donos de escolas privadas defendem este princípio democrático. O problema é que o poder público não o defende com o mesmo entusiasmo. O desinteresse pela educação, manifestado sobretudo pela exiguidade de recursos mas também, principalmente nos últimos tempos, pela obsessão punitiva contra aqueles que se dedicam ao ensino público, demonstra a evolução de um projeto deliberado de desestabilização do sistema público de ensino, mormente o universitário, o que objetivamente significa beneficiar o ensino privado. Há no entanto outro ponto, que afeta ainda mais a universidade: o modelo privatista de organização e gestão que vem sendo implantado já há muito tempo, sob pretexto da eficiência e da produtividade, e que tende a dissolver a diferença entre instituição pública e organização privada. Ora, se supomos que finalidades específicas só podem ser cumpridas se associadas a meios adequados a esta especificidade, o quadro que se desenha diante de nós é o de uma escalada progressiva na direção da inviabilidade das atividades acadêmicas tais como se configuram numa instituição pública universitária. O desequilíbrio gerado pela imposição do modelo privatista da relação custo/benefício e da eficiência refletida nos resultados imediatos desmente na prática o princípio democrático da convivência entre o público e o privado. São essas as razões que mostram, a quem quiser ver, que existe uma ameaça objetiva à universidade pública, que em princípio e ao menos teoricamente, poderia ainda ser pensada como possibilidade de formação. As transformações que lhe vão sendo impostas — e muitas já se consolidaram — implicam na anulação das condições acadêmicas para o exercício do pensamento crítico.

Trata-se, como vimos, de um processo histórico que deve ser pensado a partir de suas condições objetivas. Mas trata-se também de uma adaptação cega ao presente histórico e, neste sentido, de uma cumplicidade que os sujeitos históricos mantêm com as condições objetivas, que de forma alguma precisariam ser interpretadas como a necessidade inelutável. A causa de que haja atualmente tamanho empenho, dentro e fora da instituição, na destruição da universidade pública, certamente pode ser pensada como uma figura privilegiada da confluência entre dois elementos interdependentes: o desprezo pela responsabilidade histórica e a desagregação moderna da integridade da experiência humana.

A universidade em tempos de conciliação autoritária

Ao cabo de 1970 anos de trajetória universitária, o que devemos esperar de uma comparação entre os objetivos iniciais da Universidade de São Paulo, proclamados na fundação, e o que ela efetivamente se tornou, não é algo da ordem de um *balanço*, ou seja, a resultante de uma relação entre o *previsto* e o *realizado*, mas a compreensão crítica de um desenvolvimento histórico desde o início marcado por contradições.[1] O propósito desse texto é muito modesto: pretendemos indicar alguns aspectos históricos e estruturais de uma tensão constitutiva considerada tanto no interior da Universidade quanto na relação entre a Instituição e o seu contexto social e político, e apontar para a coincidência histórica entre o processo de recalque das contradições e o movimento de dissolução da Universidade como instituição política atuante no espaço público.

A que veio a USP? Em grande parte, para reagir ao "padrão brasileiro de escola superior" descrito por Florestan Fernandes.

"A escola superior brasileira constituiu-se como uma escola de elites culturais, ralas, e que apenas podiam (ou sentiam necessidade social de) explorar o ensino superior em direções muito limitadas. Como a massa de conhecimentos procedia do exterior e a sociedade só valorizava a formação de profissionais liberais, a escola superior tornou-se uma escola de elites de ensino magistral e unifuncional: cabia-lhe ser uma escola

---

1. Essas contradições estão exaustivamente examinadas no estudo clássico de CARDOSO, Irene. *A Universidade da Comunhão Paulista (O projeto de criação da Universidade de São Paulo)*, Cortez Editora, São Paulo, 1982.

de transmissão dogmática de conhecimentos nas áreas do saber técnico--profissional, valorizadas social, econômica e culturalmente pelos extratos dominantes de uma sociedade de castas e estamental."[2]

Desde o império até o início dos anos 1930 prevaleceu o que se pode chamar de *bacharelismo*: o diploma superior como marca característica das elites e como instrumento formal de reprodução da estrutura de poder. A única função do saber era a de aparecer como símbolo do poder. Nesse sentido, o conhecimento não era efetivamente valorizado em si mesmo, sendo sua aquisição apenas um requisito para a confirmação de uma espécie de direito natural ao poder nos indivíduos da classe dominante. Como o exercício do poder dependia da origem estamental e não de méritos intelectuais, a escola superior não podia ser mais do que um ritual de passagem a que deviam se submeter os herdeiros das elites. A esse desprezo pela verdadeira formação intelectual correspondia o papel político-instrumental da preparação profissional: as "grandes escolas" não precisavam se preocupar com uma atividade educacional criadora, expansiva ou aprofundada, pois o diploma do profissional liberal era menos um atestado de sua capacidade do que um passaporte para usufruir a parcela de poder que lhe cabia e os benefícios daí decorrentes. Toda a educação superior se pautava assim pela orientação ritualística e o interesse intelectual, quando surgia, somente podia ser atendido pelas oportunidades de vida inteligente ocasionalmente encontradas fora da escola. Com isso se mantinha a correspondência entre uma educação paralisante em relação a qualquer iniciativa crítica e uma sociedade governada por padrões oligárquicos de hierarquia. Daí o dogmatismo e a unifuncionalidade mencionados por Florestan Fernandes: ambos estavam a serviço de um ideário ultraconservador.

Ora, o excesso de conservadorismo limita as possibilidades de progresso. Foi este diagnóstico, efetuado principalmente por

---

2. FERNANDES, Florestan. *Universidade Brasileira: Reforma ou Revolução?*, Editora Alfa-Omega, São Paulo, 1975, pp 51–52.

liberais ilustrados paulistas, que colocou em xeque o perfil oligárquico da estrutura de poder e detectou a ausência de um projeto educacional sintonizado com o republicanismo e a modernidade, capaz de introduzir o país no ritmo do capitalismo industrial e fazê-lo participar efetivamente do progresso político e econômico. Para tanto seria preciso que o Brasil alcançasse, ainda que com cerca de dois séculos de atraso, o estágio do esclarecimento. Ou seja, seria preciso formar uma elite intelectual capaz de formular projetos positivamente racionais de adaptação do país à modernidade, indivíduos devidamente instruídos e instrumentados para transfigurar os interesses de classe em interesse geral. A complexidade dos problemas estava a exigir da educação superior bem mais do que a função de ornamento social do oligarca; este teria que ceder lugar a um novo mandarim, pedagogicamente talhado para a função de coordenar a estabilidade de uma sociedade que já não podia ocultar seus conflitos; alguém que não apenas os sufocasse por via de suas prerrogativas de classe, mas que os administrasse por via do uso político-instrumental da razão.

Dessa maneira se teria contraposto à velha escola superior a nova ideia de universidade, a qual, no entanto, não se sobrepôs à realidade consolidada, porque a

"ideia de universidade foi, de fato, adulterada. O que se chamou de 'universidade' não tinha substância própria, nem ao nível estrutural-funcional, nem ao nível histórico. Era uma mera conglomeração de escolas superiores e um recurso para preservá-las, fortalece-las e difundi-las, com suas magras virtudes e com seus incontáveis defeitos."[3]

Como que para mostrar, se preciso fosse, que a transformações em educação não se podem completar sem alterações significativas na sociedade, o embate entre a concepção avançada de universidade e o perfil conservador da escola superior acabou por resultar numa subordinação do moderno ao arcaico, que nem mesmo produziu um híbrido, já que as escolas superiores souberam manter-se francamente dominantes e fazer da mudança

---

3. FERNANDES, Florestan. Ob. cit., p 56.

um meio de continuarem tais e quais, em termos de hegemonia, prestígio e, principalmente, poder. Três tentativas ilustram o que teria sido esse fracasso de uma nova ideia de universidade.

A Universidade do Distrito Federal, fundada em 1935 e incorporada à Universidade do Brasil em 1939, teria sido o caso mais rápido de liquidação da nova ideia. No discurso de posse como reitor, Anísio Teixeira deixa muito claro o propósito educacional da nova instituição, sem poupar críticas acerbas ao sistema vigente:

"Esse país é o país dos diplomas universitários honoríficos, é o país que deu às suas escolas uma organização tão fechada e tão limitada, que substituiu a cultura por duas ou três profissões práticas, é o país em que a educação, por isso mesmo, se transformou em título para ganhar um emprego."[4]

Ao reivindicar uma relação viva entre universidade e cultura, o objetivo político de Anísio Teixeira é a postulação da autonomia como condição do trabalho universitário autêntico. Contrapunha-se assim a uma dupla submissão: em primeiro lugar a das escolas superiores à valoração social das profissões, mormente aquelas prestigiadas à época e que correspondiam aos cursos das grandes escolas de direito, de medicina e de engenharia. Nesse sentido a crítica antecipa algo das considerações de Florestan Fernandes acerca do serviço que as escolas profissionais superiores prestavam às classes dominantes. Em segundo lugar, combatia também a ideia de que o ensino superior teria única e exclusivamente finalidades tão somente utilitárias, o que ele chamava de *praticismo*, e que no limite se reduzia a uma especialização técnica acrescida à alfabetização e ao lustro superficial do pseudoletrado. Opunha-se assim a dois aspectos do mesmo reducionismo, por trás do qual via, bem em consonância com os tempos, a estratégia de tolher a liberdade de ensino e pesquisa. A heteronomia intrínseca da escola profissional e o dirigismo sociocultural do ensino superior eram finalmente reveladores

---

4. TEIXEIRA, Anísio. "A Função das Universidades". in *A Universidade de Ontem e de Hoje*, Ed. UERJ, Rio de Janeiro, 1998, pp 91-2.

de um esforço para manter a educação superior atrelada aos interesses das classes dominantes. A definição dada por Anísio Teixeira da Universidade do Distrito Federal não deixa dúvidas quanto à fidelidade à "nova ideia".

"É uma universidade cujas escolas visam o preparo do quadro intelectual do país, que até hoje se tem formado ao sabor do mais abandonado e do mais precário autodidatismo. Uma escola de educação, uma escola de ciência, uma escola de filosofia e letras, uma escola de economia e direito e um instituto de artes, com objetivos desinteressados de cultura não podem ser demais no país, como não podem ser demais na metrópole desse país."[5]

O que ressalta "na nova ideia" é o *desinteresse* que deve caracterizar os *objetivos* atinentes à cultura. Ou seja, a universidade nasce com um compromisso tanto mais forte quanto mais desvinculado dos *interesses* imediatos do profissionalismo e do bacharelismo. Esse compromisso com a cultura é, na verdade, intrinsecamente político, embora distante da estrita instrumentalidade que vincula a educação à hegemonia política das elites. "A universidade socializa a cultura socializando os meios de adquiri-la."[6] Não se enganavam os opositores à nova instituição: a vinculação crítica entre vida, cultura e liberdade é potencialmente transformadora, e a circulação institucional de ideias constitui um meio de democratização do conhecimento.

A outra tentativa — e o outro fracasso — é a Universidade de Brasília, no entender de alguns estudiosos a experiência mais relevante no que concerne à criação de uma universidade verdadeiramente nova. Mas também nesse caso os pressupostos objetivos foram, de alguma maneira, incontornáveis desde o princípio.

"Todavia, ela mesma [a UnB], apesar de tudo, teve que compactuar com o passado. Conferiu uma posição de relevo às escolas profissionais; e desenvolveu uma ampla composição estratégica, de conseqüências funcionais,

---

5. TEIXEIRA, Anísio. Ob. Cit., p 92.
6. TEIXEIRA, Anísio. Ob. Cit., p 99.

com as representações, os valores e certos expoentes humanos do antigo ensino superior pré-universitário."[7]

Ainda assim não houve tempo e condições para que a nova experiência viesse a revelar seus resultados, pois o golpe de 1964 interrompeu o seu curso e as subseqüentes reformas descaracterizaram totalmente o perfil funcional e acadêmico idealizado pelos fundadores.

Finalmente, a Universidade de São Paulo, organizada em torno da Faculdade de Filosofia, Ciências e Letras como seu núcleo irradiador, suscitou de imediato a mais ampla resistência, sobretudo internamente, o que fez com que à centralidade acadêmica da Faculdade de Filosofia jamais correspondesse uma posição de poder que lhe permitisse desenvolver completamente o seu projeto de formação. A estratégia das grandes escolas profissionais foi a de manter a universidade como um conglomerado, com um mínimo de integração funcional, conservando o poder por via de alianças ocasionais reiteradas de forma imediatista e cortando sempre pela raiz qualquer tentativa de discussão de um projeto político-acadêmico. Isso se fez — e se faz — pela ocupação sistemática dos espaços de discussão e de decisão, seja diretamente pelos representantes das grandes escolas, seja, em épocas mais recentes, pelos seus prepostos oriundos dos institutos surgidos após a reforma, ou mesmo por integrantes das áreas de humanas, submissos ou solidários à hegemonia vigente. Nesse sentido, o processo de isolamento da Faculdade de Filosofia, Ciências e Letras foi relativamente rápido e eficaz o bastante para neutralizá-la como foco de inovação e de disseminação do espírito crítico, a tal ponto que, com o passar do tempo, a identidade da escola acabou tornando-se um problema para ela mesma.

"Aos poucos, a própria Faculdade de Filosofia, Ciências e Letras, largada a suas funções especializadas, acabou sendo parcialmente condicionada pelos requisitos estruturais e dinâmicos do padrão brasileiro de escola superior. Ela mesma uma universidade em miniatura, converteu-se numa

---

7. FERNANDES, Florestan. Ob. cit., p 57.

típica 'escola superior-problema' atacada de gigantismo. Apesar da colaboração maciça de professores estrangeiros de altíssimo nível, apesar dos esforços incansáveis dos seus jovens professores brasileiros [...] ela não conseguiu escapar nem à tirania do meio ambiente nem à submissão desastrosa a um padrão de integração estrutural arcaico."[8]

A Universidade de São Paulo, principalmente por via da Faculdade de Filosofia, Ciências e Letras, teve de lidar com dois passados. Primeiramente a herança das grandes escolas profissionais, que foram formalmente incorporadas à Universidade mas que nunca incorporaram a "nova ideia" universitária; pelo contrário, serviram-se da nova estrutura para realizar de modo mais proveitoso seus interesses próprios. Nesse sentido, o isolamento da Faculdade de Filosofia, Ciências e Letras deve-se a ter sido ela a única escola verdadeiramente gerada pela ideia de universidade. Em segundo lugar está a herança das intenções fundadoras — basicamente o propósito de preparar elites para o exercício esclarecido do poder. A USP nasceu de um projeto educacional forçosamente crítico em relação à tradição oligárquica, mas que era também um projeto de substituição das antigas elites por algo próximo a uma ideologia iluminista operante na escala da cultura local. Ora, o desenvolvimento da criatura deveria contrariar os propósitos de seu nascimento e da sua criação, pois não se pode ao mesmo tempo cultivar a crítica e subsidiar intelectualmente um projeto de poder. Há uma contradição inscrita no próprio projeto fundador, que se explicitaria pouco depois. Os fundadores colocaram-se contra a relatividade mesquinha dos valores oligárquicos, imediatistas e utilitaristas, em nome de valores "absolutos" e "eternos" da liberdade e da razão. Mas o realismo político logo justificou o casamento da democracia com o autoritarismo, a pretexto de defender a liberdade contra o totalitarismo comunista.[9] Assim, o espírito crítico teria que se expressar numa cruzada em defesa da fé liberal, aí incluídas as medidas de força necessárias à preservação da "razão" e da "liberdade".

---

8. FERNANDES, Florestan. Ob. cit., pp 56–7.
9. Cf. CARDOSO, Irene. Ob. cit., em especial o capítulo 5.

A Faculdade de Filosofia, Ciências e Letras viu-se então na contingência de ter de constituir o seu presente ao mesmo tempo *contra* o passado oligárquico e contra as origens liberais. Essas duas linhas de oposição ao passado nunca convergiram para um projeto de futuro — e a conseqüência disso é a indefinição do presente.

Por isso também se pode dizer que, em cada presente contraditoriamente constituído, a USP esteve dentro e fora de seu tempo,[10] refletindo-o e recusando-o, como uma testemunha que quisesse ser simultaneamente a negação viva dos eventos a que assistia e dos quais participava. Esse potencial negador intrínseco ao espírito crítico exerceu-se principalmente na Faculdade de Filosofia, que assim fazia manifestar-se a contradição, e certamente foi essa a causa de ter sido ela repudiada pelo conjunto da Universidade que, curvando-se às injunções conservadoras, deixava transparecer uma conciliação que na verdade representava apenas os vários lances do jogo de interesses que ocorria nas instâncias de poder.

As dificuldades derivadas dessa constituição contraditória do presente, à qual se acrescia naturalmente a obscuridade do futuro, incidiram de forma contundente na identidade da Faculdade de Filosofia, Ciências e Letras e repercutiram também no perfil da Universidade. A Reforma Universitária que separou os cursos básicos de ciências exatas e naturais dos cursos de letras e ciências humanas, permitindo que os primeiros se constituíssem como institutos autônomos, apenas representou o desfecho de um processo que já vinha de algum tempo. Numa época em que as ciências já se desenvolviam, nos países centrais, em organizações de pesquisa fortemente especializadas e completamente fechadas sobre si mesmas, financiadas pelo complexo industrial-militar em franca expansão, não seriam necessários olhos de águia para perceber que esse modelo, fatalmente imposto, era incompatível com a permanência das ciências empírico-formais

---

10. Cf. CARDOSO, Irene. "Texto de Apresentação da Universidade de São Paulo." *in Catálogo da Universidade de São Paulo*. EDUSP, São Paulo, 1996.

na Faculdade de Filosofia, Ciências e Letras. Os parceiros científicos previram, mesmo numa época em que a evolução da tecnociência não era tão acelerada, que nada atenderia menos aos seus interesses do que compartilhar o destino da Faculdade. Para isso também contribuiu, certamente, o que se pôde vislumbrar a partir das pressões dos Estados Unidos e dos organismos internacionais no sentido de uma reorganização educacional que favorecesse as novas condições do capitalismo na América Latina, principalmente em termos de progresso técnico-industrial controlado. Já era suficientemente clara a condição cada vez mais subalterna que as Humanidades passariam a ocupar no futuro próximo.

É nesse sentido de adaptação às novas exigências decorrentes das mudanças na dinâmica do gerenciamento econômico-político que deve ser pensada a questão da reforma universitária, tanto no que concerne às modificações em nível federal quanto aquelas que ocorreram na Universidade de São Paulo. Não é o caso de nos estendermos aqui sobre isso.[11] Fiquemos apenas com a definição política dada por Florestan Fernandes: "reforma consentida", porque isso nos permite visão um pouco mais abrangente. Com efeito, não se trata apenas de classificar de inócuas as alterações propostas e efetivadas, sob o pretexto de que o regime autoritário não podia permitir que se fosse até o fundo das questões, restando assim uma certa cumplicidade de fato entre a ditadura e a universidade, com o irremediável comprometimento de qualquer tentativa de reforma. Pelo contrário, a universidade queria a reforma, e a via como algo necessário para dar continuidade ao cumprimento de sua tarefa. Ainda mais, dentre as modificações sugeridas, sobretudo no Relatório Ferri, várias vão ao encontro de aspirações nascidas de reflexões e discussões internas à instituição, como é o caso da extinção da cátedra. Assim, resultados de teor progressista puderam ser ob-

---

11. Análises amplas e lúcidas sobre a questão encontram-se em FERNANDES, Florestan. *Universidade Brasileira: Reforma ou Revolução*, ob. cit., especialmente os capítulos 3, 6, 7 e 8.

tidos num contexto político marcado por extremo autoritarismo. O que explica essa contradição em última instância é o seu próprio ocultamento. Os proponentes da reforma, no caso da USP, não quiseram ou não puderam valer-se da oportunidade para reavaliar o impulso inicial da Universidade para verificar que tipo de incidência os quase trinta anos de dinâmica histórica tiveram no projeto inicial, de que maneira aprofundaram as ambigüidades ou que elementos dessas contradições teriam sido sufocados ou anulados. As pressões políticas internas e externas, bem como a necessidade de atender necessidades imediatas, impediram que a reforma fosse uma ocasião para transformações mais profundas, que somente poderiam advir de uma reflexão efetiva e profundamente histórica sobre a Universidade. Em vez disso, o Relatório alinhava, a título de considerações gerais e introdutórias, um arremedo de síntese teórica e histórica de caráter vago e generalista, baseado num ecletismo espiritualista ultrapassado e vazado em jargão filosofante inteiramente vazio. É claro que isso não se deve apenas às idiossincrasias dos redatores ou ao desatamento da veia especulativa nos amantes do transcendental. Trata-se da tentativa de firmar a reforma universitária em bases a-históricas. Não devemos deixar que o caráter canhestro do empreendimento oculte o horizonte ideológico, porque a falta de um projeto histórico intrínseco à reforma deve-se a essa concepção da universidade como um fim em si mesma e completamente desvinculada do ritmo das transformações sociais. A história não pode gerar demandas à universidade porque esta seria independente da história. Assim, pode-se "reformar" a universidade, o que em princípio é atender a uma demanda histórica, sem analisar historicamente a complexidade de sua inserção *autônoma* no cenário dos fatores *determinantes*.

Mas é possível, por outro lado, num aparente esforço de inserção histórica, fazer um uso instrumental da história para estabelecer valores que justifiquem determinados rumos para a universidade, os quais seriam garantidos por via da ocupação do poder pelos defensores de tais critérios. Foi o que ocorreu na USP no período de redemocratização do país. Desfeito o amplo arco de oposição ao regime autoritário, revelaram-se as tendências nascidas da introjeção de pressões modernizadoras exercidas pelo centro do capitalismo sobre a sua periferia. Como a universidade poderia *ajustar-se* às novas exigências de gerenciamento tecnológico e mercadológico do ensino e da pesquisa? Era preciso que esse ajustamento proviesse do interior da instituição, para criar a impressão de que a *adaptação* teria sido uma *opção* livre e racional. Ora, tecnociência e mercado não combinam com crítica política da universidade nem com posições éticas a respeito da produção e disseminação do conhecimento. Seria preciso portanto eliminar a dimensão ético-política da vida universitária, conferindo à instituição uma estrutura funcional capaz de absorver as diretrizes tecnocráticas que se vão tornando hegemônicas em todas as instâncias de organização da sociedade. Assim aparecem, como *exigências universitárias*, requisitos organizacionais de eficácia produtiva, erigindo-se o modelo da qualidade empresarial privada como o único a ser seguido pela instituição pública. Para obter esse resultado é preciso que haja um desmonte político da vida universitária, que a comunidade intelectual passe a observar como única regra de convivência o preceito liberal de competitividade máxima e que as estruturas de poder se definam, ao mesmo tempo, por fortes mecanismos de controle e por fracos liames de representatividade, numa realização quase perfeita de democracia formal. A hierarquia meritocrática estabelece então o jogo das exclusões:

"Nos anos 1980, eis que o relatório GERES coloca em pauta a oposição 'universidade alinhada/universidade do conhecimento', universidade politizada e comprometida com as forças populares' contraposta ao 'projeto modernizante, baseado em paradigmas do desempenho acadêmico e científico.'"[12]

O citado relatório está em perfeita consonância com manifestações de vários docentes da USP. Pode-se na verdade falar de

---

12. CARDOSO, Irene. "A Universidade e o Poder". in *Para uma Crítica do Presente*, Ed. 34, São Paulo, 2001, p 48.

uma campanha organizada, com a publicação de artigos na imprensa, aos quais faziam eco editoriais dos grandes jornais, alertando para o perigo da "politização" da universidade. O contexto mostra com clareza que a "defesa da qualidade", o repúdio à "mediocridade" e ao "populismo", a exaltação da "competência" etc. inscreviam-se já numa trajetória de despolitização, que veio a se tornar um projeto explícito para toda a universidade brasileira nos anos do governo FHC.

O curioso é que essa modernização politicamente regressiva era apregoada em nome da fidelidade da universidade às transformações históricas, operando assim uma confusão, certamente deliberada, entre inserção histórica e adaptação à conjuntura. Ademais, esse esforço de despolitização acontecia logo depois da redemocratização, a qual, esperava-se, deveria ensejar uma ampla oportunidade de discussão democrática na universidade, que pudesse chegar mesmo a constituir-se como uma refundação institucional. Tal não aconteceu porque a implementação de um projeto tecnoburocrático de universidade organizacional, em ritmo acelerado, ultrapassou definitivamente qualquer possibilidade de reorganização política do espaço público acadêmico. A dissolução do espaço público universitário faz medrar um autoritarismo que nem sempre é reconhecido como tal porque não se contrapõe a uma efetiva vontade política de democratização. A conseqüência, no limite, é aquela que vivemos hoje: considerar como inócua qualquer posição *oposicionista*, assimilando-a a uma pura e simples transgressão gratuita, como se a *crítica* que, não obstante todas as contradições de seu exercício, foi o princípio formador da USP, não passasse de uma doença infantil da qual nos curamos na maturidade, e na qual jamais voltaremos a recair.

Essa estigmatização da tradição crítica explica não apenas a omissão institucional na discussão das questões cruciais, ou a opção pelas soluções técnicas como forma de contornar as contradições fundamentais, como também a ausência de uma discussão *radical* acerca da universidade. A crítica somente abalará princípios estabelecidos se ela mesma estiver profundamente enraizada no seu próprio princípio, que é a liberdade, garantia da firmeza do espírito crítico e do alcance do exame. Nesse sentido é a perda de princípios radicais que impede a crítica conseqüente dos princípios superficiais e oscilantes que pululam no discurso tecnocrático dos gestores da modernização. Não somos mais capazes de uma crítica radical da universidade porque perdemos de vista o seu princípio, na unidade múltipla e convergente das dimensões cultural, política e institucional. Essa incapacidade é do mesmo gênero do comportamento reativo que manifestamos em relação ao tecnocratismo econômico vigente: não chegamos a nos opor verdadeiramente à tecnocracia economicista porque não agimos no sentido de deslocar o discurso tecnocrático para o terreno da discussão política. Aceitamos o jogo da competência dissimuladora e do pragmatismo propositivo quando evitamos *negar simplesmente* a transfiguração da unilateralidade do discurso tecnocrático em universalidade da razão. Estamos além da perda dos princípios; perdemos a capacidade de indagar sobre eles e de buscá-los.

"O princípio fundamental é hoje, em meio a tecnossuperfícies sem densidade histórica, já irrecuperável para o saber. Neste sentido o fim da filosofia como pensamento do fundamento último (ou pelo menos o fim das faculdades de filosofia como morada dessa reflexão) coincide com o fim da universidade em seu sentido moderno."[13] Se formularmos kantianamente a pergunta pela condição de possibilidade da universidade hoje, talvez não possamos ir muito além das justificações de fato, talvez tenhamos que abandonar a investigação do princípio. Há uma grande obscuridade no plano das condições institucionais, culturais e políticas da universidade, motivo pelo qual por vezes ela aparece como um ente que sobreviveu a si mesmo e que não tem mais razão de existir. Há alguma categoria ou algum quadro histórico a que possamos remeter a universidade? Como situá-la, por ex., diante da hegemonia do mercado? A crítica dessa

---

13. AVELAR, Idelber. *Alegorias da Derrota: a Ficção Pós-ditatorial e o Trabalho do Luto na América Latina.* UFMG, Belo Horizonte, 2003, p 95.

hegemonia, em princípio, se faz em nome de valores universais que permitem julgar eventuais desequilíbrios históricos em que a atividade mercantil aparece como o fundamento das relações humanas. Para isso é preciso que a crítica se faça a partir de instâncias ainda não inteiramente submetidas à mercantilização e em que a *reflexão* ainda tenha condições de enfrentar a *reificação*. Até algum tempo atrás, esse era o espaço da universidade — e na medida mesma em que ela podia discutir internamente a contradição por que passava a própria educação: *formação* ou *aquisição* de bens educacionais? Exercício do espírito crítico ou treinamento de habilidades?

Acontece que na nossa época a hegemonia do mercado não aparece como desequilíbrio histórico, mas sim como realização da história. Nesse sentido já não se trata de hegemonia, mas de *universalização*. Ora, admitido o mercado como valor universal, no qual a educação se deve inserir (vide a sua consagração como *bem* e *serviço* pela OMC), já não há mais espaço em que a crítica se possa exercer a partir de outro valor. Daí qualquer contestação aparecer como algo doentio ou exótico. Isso é bem claramente ilustrado pelo esforço que tem sido feito desde a redemocratização para que a Faculdade de Filosofia se adapte ao contexto universitário de uma organização voltada para o mercado. A reciprocidade desse esforço, que é desenvolvido tanto a partir de pressões externas quanto internas, contribui para mostrar que se trata de um processo irreversível, dada a orientação histórico-política de desinstitucionalização da universidade. "Se a racionalidade moderna se constitui através de uma chamada à *universalidade*, base fundacional da universidade moderna, a persistência de espaços não mercantilizados, não reificados, representava a alavanca possível de todas as críticas, modernamente formuladas, dessa mesma racionalidade [...] Num momento em que a mercantilização chega a um estágio verdadeiramente universal, o próprio fundamento dessa universalidade se torna impensável, pela ausência de um exterior de onde seu projeto possa ser vislumbrado."[14] Em outras palavras, o mercado tornou-se princípio constitutivo e o seu alcance é tal que ultrapassa em muito a dimensão das operações mercantis, impondo-se como paradigma formal de todas as relações sociais e mesmo humanas. Ao incorporar o modelo, a universidade dissolve a sua própria universalidade, que não é um princípio abstrato, mas a tarefa continuadamente concreta de pensar a totalidade. É nesse sentido que se pode falar do triunfo da reificação sobre a reflexão — vitória tanto mais perversa quanto a absorção do paradigma vem travestida de uma nova configuração acadêmica, mais "moderna" e mais adequada à dinâmica da "sociedade atual". A dissolução da universalidade como princípio constitutivo da universidade provoca a situação, aparentemente paradoxal, de um vazio inteiramente preenchido e que portanto não é sentido como tal, o que se explica pelo fato de que a dissolução da universidade é vista como sua transformação. Mas como não se trata de um processo autônomo, não se pode pensar numa redefinição institucional interna; é antes uma reconfiguração heterônoma, guiada por fatores extrínsecos que se resume numa desfiguração, processo terminal em que a universidade vai parodiando a si mesma enquanto fortalece os mecanismos de esquecimento do seu passado, de cumplicidade com a facticidade do presente e de compromisso cego com o futuro. Como tudo se passa em nome da profissionalização e da eficácia, com ênfase nos *resultados*, perde qualquer sentido a crítica dos *fundamentos*. Essa é uma conseqüência não apenas do triunfo do modelo mercadológico-produtivista, mas sobretudo da valorização da própria noção de *modelo* como princípio de organização e gestão: a adequação a um modelo ocorre simplesmente a partir da funcionalidade dos elementos, vista a partir de critérios de eficiência organizacional, sem qualquer preocupação com sentido ou fundamento, seja do ponto de vista histórico, seja do ponto de vista conceitual. Não é preciso insistir no esvaziamento político-institucional implicado nessa trajetória.

---

14. AVELAR, Idelber. Ob. cit., p 96.

Mas talvez seja conveniente mencionar algo acerca do esvaziamento *intelectual*. Resumidamente apontaríamos para a convergência entre o compromisso intelectual, o compromisso universitário e o compromisso crítico: se essa tríade nunca se realizou harmoniosamente, ao menos se pode dizer que houve um tempo em que permanecia como um horizonte regulador ao qual os universitários — professores e alunos — remetiam seus projetos. Com a vitória da tecnocracia e da tecnociência, já não há mais lugar sequer para a tensão entre essas formas de compromisso, porque nenhum deles pode apresentar hoje densidade suficiente para respaldar uma conduta.

"Durante décadas, os experts *coexistiram com os intelectuais antigos: uns desconfiavam com razão dos outros. Hoje a batalha parece ganha pelos* experts: *nunca se apresentam como portadores de valores gerais que transcendam a esfera de sua expertise e, em conseqüência, tampouco se encarregam dos resultados políticos e sociais dos atos fundados nela."*[15]

Não é necessário o domínio total e explícito da tecnoburocracia e da tecnociência para que a universidade seja definida pela hegemonia dos *experts*: trata-se de um modelo de conduta, que cada vez mais aparece, não apenas como o mais adequado, mas também como o único possível: aceitação acrítica de diretrizes superiores, adequação a expectativas geradas pelo privilégio dos indicadores formais, ausência de reflexão política nos planos e nas avaliações, concentração de esforços na eficiência funcional, redução ou, se possível, eliminação das oportunidades de debate institucional, desagregação dos fóruns de reflexão coletiva e desencorajamento das iniciativas de reflexão crítica individual, permuta de apoios por benefícios, são algumas das características já bem implantadas na universidade e que nos permitem afirmar o processo de metamorfose da instituição em organização técnica de treinamento para o mercado globalizado.[16]

---

15. SARLO, Beatriz. *Escenas de la Vida Postmoderna*, apud AVELAR, Idelber, ob. cit., p 102.
16. Deixamos de lado aqui um fator de extrema importância e que mereceria um desenvolvimento à parte: a organização cada vez mais empresarial

A UNIVERSIDADE EM TEMPOS DE CONCILIAÇÃO AUTORITÁRIA

Ao tomar a direção da unidimensionalidade, a universidade não faz mais do que acompanhar a história e a sociedade, principalmente na América Latina, em que os governos ditatoriais se encarregaram de preparar a transição para a hegemonia do mercado, trabalho consolidado pelos liberais e pela "esquerda" convertida ao credo economicista. Ora, a unidimensionalidade oculta completamente as contradições porque não admite qualquer tensão no indivíduo e na organização social. A linearidade e a homogeneidade, implantadas por vários meios que vão desde o terror até o império da mídia, fizeram com que a universidade enquanto organismo crítico perdesse o lugar social, que aliás nunca lhe tinha sido outorgado de boa vontade, mas que ela assumia como seu papel histórico. As crises pelas quais passou a universidade sempre foram ocasionadas pelo acirramento de contradições latentes: se a instituição se debilitava no embate de suas diferenças, ela por outro lado se fortalecia ao fazer disso mesmo a sua diferença. Assim se pode dizer que, se a universidade não sucumbiu às suas próprias contradições, é quase certo que ela morrerá vitimada pela sua pacificação, visto que esta é atualmente a grande violência que sofre, mas à qual não pode resistir porque ela mesma incorporou essa violência ao subordinar o pensamento à tecnificação e ao consenso pragmático.

---

e administrada da pesquisa, que vai fazendo desmoronar o que até há pouco tempo era o último reduto do espírito universitário.

Universidade, cidade, cidadania

Seria interessante seguir o processo de separação entre a universidade e a cidade, que deu origem ao que conhecemos hoje como cidade universitária. Encontraríamos aí, provavelmente, um percurso pontuado de equívocos conceituais e de dificuldades históricas, correspondentes aos diversos aspectos que podem ser destacados nesse processo. A universidade nasceu à sombra da Igreja, mas em pouco tempo se transformou numa instituição em que a Igreja buscava apoio para a sua edificação doutrinária e para a ampliação de sua influência cultural e política. Se nos arriscamos ao excesso dizendo que a Igreja precisou da universidade tanto quanto esta necessitou da Igreja, certamente não se pode negar que a universidade se configurou como um poderoso instrumento de que se serviu a Igreja para a consolidação de um perfil cultural da civilização na maior parte do Ocidente e durante muitos séculos. Mas a história nos mostra que essa relação não foi sempre inteiramente marcada pela docilidade do "instrumento", o que se observa desde o começo e não apenas durante as crises de transformação no limiar da modernidade. O recrutamento clerical e a dependência institucional nunca lograram anular inteiramente uma tensão, latente ou manifesta, que percebemos até nos momentos de maior harmonia aparente, como nos casos da convivência entre a Igreja e o aristotelismo, no período de formação da Escolástica, e da censura dos escritos de São Tomás de Aquino.

A mesma tensão pode ser observada entre a universidade e o poder civil, quando este, percebendo a importância da nova corporação, procurou de várias maneiras tomá-la sob sua proteção e colocá-la a seu serviço. Disso, como se sabe, aproveitaram-se os universitários nas ocasiões em que precisaram contrapor-se ao poder da Igreja. Estes primeiros ensaios de incorporação da universidade pelo estado, tendo-se mostrado desde o início como um jogo entre dois poderes, talvez tenha contribuído para moldar o perfil da universidade, na sua estrutura e organização, segundo padrões diversos da hierarquia eclesiástica e civil. Em momentos como estes, a tensão revela a *finalidade* e o *caráter específico* da instituição, que se expressarão posteriormente nas reivindicações de autonomia como condição essencial de sua própria existência. Diga-se desde logo que a autonomia, mesmo sendo *real* (em muitos casos ela é apenas formal), não elimina a tensão entre a universidade e o seu contexto (religioso, estatal, social) porque o caráter *politicamente peculiar* do exercício da *liberdade acadêmica* leva inevitavelmente a conflitos, desde que a situação não seja camuflada por estratégias de subserviência ou por controles indiretos da atividade universitária.

A história da universidade nos indica assim essas figuras institucionais, pelas quais a vemos à sombra da Igreja e à sombra do Estado e, na escala da longa duração, a tensão, e mesmo a contradição, ainda que abafada por longos períodos de inserção pacífica e completa. Essas mesmas relações nos ajudam a compreender os vínculos entre a universidade e a cidade como corpo político historicamente organizado. Também nesse caso a ambiguidade entre autonomia e dependência eventualmente eclode em conflitos. Pádua, por ex., o grande centro aristotélico da Idade Média, poderia ser qualificada como uma cidade universitária, no sentido em que a universidade era o que possuía de mais importante e o que lhe dava prestígio. Ao mesmo tempo, era a atividade econômica de Pádua que tornava possível o suporte econômico da universidade, tanto em termos dos alunos que tinham condições financeiras de mantê-la, quanto em termos da comunidade e do governo da cidade, que também participavam dessa manutenção, na medida em que ela correspondia aos seus interesses. Se ampliarmos o horizonte histórico, poderemos nos referir a Iena, Tübinguen e Louvain em sentido análogo, abstraindo naturalmente, grandes diferenças: são cidades universitárias porque se constituem — política, histórica, social e culturalmente — em torno da universidade, e passam a se distinguir por isso. De alguma maneira encontram uma forma de vida e de organização coletiva em que logram combinar exigências nem sempre convergentes, se supomos as diferenças existentes entre a organização política da cidade e a organização política da universidade.

Pudemos falar até aqui de universidade à sombra da Igreja e à sombra do Estado, bem como das tensões e contradições aí envolvidas, porque falávamos do passado. Para nos referirmos à universidade atual temos que falar de mercado, e não de universidade à sombra do mercado, mas sim de universidade inserida no mercado. O contexto social que hoje define a figura histórico-política da universidade é o mercado, de resto onipresente em todos os aspectos das relações humanas. A explicitação dessa inserção varia conforme a tradição da universidade em cada país, e assim também o ritmo em que o mercado incorpora a instituição universitária, o que está ainda em função do ritmo em que absorve todas as outras instituições, devorando o espaço público.[1] É evidente que nos países europeus, de longa tradição universitária, há uma combinação de inércia e resistência que retarda o processo, mas não o detém, até porque a impregnação da universidade na sociedade, nesses países, significa muito mais a consolidação histórica de uma instituição longeva do que propriamente a valorização da universidade por parte da sociedade — ao menos dos segmentos que lhe determinam os rumos. Nos países periféricos, como a universidade nunca ganhou foro social autêntico, como as mudanças são decididas a partir de interesses muito mais imediatos e como há uma submissão praticamente

---

1. Para o caso europeu, e especialmente francês, cf. FREITAG, Michel. *Le Naufrage de l'Université*. La Découverte/Nuit Blanche, Paris/Québec, 1995, sobretudo a excelente análise das relações entre a gestão tecnocrática do social e o advento da universidade organizacional, ou a falência da universidade institucional, pp 9–72.

inquestionada a critérios extrínsecos (países centrais e organismos internacionais), a velocidade de absorção da universidade pelo mercado acompanha o ritmo acelerado de dissolução do espaço público, que tem como consequência a transformação da educação universitária em bem de consumo, dando seguimento ao que já havia ocorrido com a educação fundamental e média.

Se fosse o caso de acompanhar o processo pelo qual se passou de uma universidade institucional para uma universidade organizacional ou de mercado, uma das etapas a destacar nesse percurso seria o exame da estratégia política de estímulo à rejeição social da universidade pública, que em nosso país coincide, de forma orquestrada ou não, com a mercantilização do ensino superior, a qual atingiu patamares fantásticos nos governos FHC, com a extraordinária proliferação de empresas de ensino, que já se organizam para disputar o mercado da pós-graduação, uma vez que o de graduação encontra-se relativamente saturado. A rejeição a que nos referimos possui várias facetas interligadas que atuam como causas: a despreocupação dos governos com o aumento das vagas nas universidades públicas, criando assim a justificativa para a proliferação das empresas privadas; a sonegação sistemática de recursos para a educação superior, comprometendo dessa forma a atividade universitária nas instituições públicas, e ensejando assim, em muitos casos, a diminuição de nível e de prestígio; a remuneração insuficiente dos servidores docentes e administrativos; a reforma da previdência, anunciada com alarde de modo a provocar a aposentadoria de muitos professores, sem a adequada reposição; a campanha intensa contra os servidores públicos, entre os quais professores e funcionários das universidades federais e estaduais, transferindo-lhes a culpa que cabe aos gestores de recursos públicos. Com essa estratégia, que é composta de muitos outros elementos além dos mencionados, o governo FHC tentou, de forma totalmente explícita, completar o trabalho — já realizado pelos seus antecessores no que se refere aos níveis de educação anteriores à universidade — de desqualificação social do professor, transformado em funcionário improdutivo, parasita da sociedade, no qual qualquer investimento é injustificado. Essa cortina de fumaça, que se mostrou eficiente junto à opinião pública, tem o objetivo mais amplo de atender às exigências de corte drástico nas políticas sociais. O governo do PT segue com fidelidade essa orientação, como mostra o recente documento do Ministério da Fazenda, em que são amplamente proclamados a ineficácia e o desperdício, *inerentes* aos gastos sociais.

Compreende-se assim o empenho dos governos em levar a sociedade a rejeitar a universidade pública como ineficiente e supérflua, e a aceitar como algo absolutamente normal que a educação seja tratada como um produto entre outros, com possibilidade de opções entre as várias ofertas do mercado. Pois bem, a cidade universitária é algo que está perfeitamente de acordo com essa reação negativa que o poder estatal pretende estimular na sociedade. Para compreendê-lo, basta atentar para o contexto político que apressou a separação entre a universidade e a cidade. O exemplo da Universidade de São Paulo é bem eloquente. Como se sabe, o diferencial no projeto dos fundadores da USP estava na Faculdade de Filosofia, Ciências e Letras, núcleo formador e integrador, constitutivo de um espírito de universidade que, pelo menos em princípio, pretendia superar a figura da universidade como conglomerado de escolas superiores.[2] Talvez seja sintomático que essa Faculdade não tenha tido, desde o seu nascimento e durante o período mais significativo de sua existência, o seu "lugar", em pelo menos dois sentidos. Primeiramente, as grandes escolas profissionais "conglomeradas", às quais interessava um simulacro de universidade para que pudessem manter poder e privilégios, jamais permitiram que a FFCL ocupasse, nas instâncias de poder, o lugar que deveria corresponder à escola-núcleo da universidade. Com isso, o próprio núcleo gerador de pensamento crítico foi impedido de atuar na condução dos destinos da universidade. Em outras pa-

---

2. Cf. a respeito FERNANDES, Florestan. *Universidade Brasileira: Reforma ou Revolução?* Alga-Omega, São Paulo, 1975, especialmente a análise da "escola superior-problema", pp 51 ss.

lavras, tentava-se fazer do lugar central um lugar abstrato, para que desse centro não irradiassem transformações que pudessem influir na estrutura de poder da universidade. Por outro lado, a FFCL não teve um lugar para instalar-se, tendo de peregrinar por prédios emprestados até fixar-se no edifício de número 294 da rua Maria Antonia, tornando seu um lugar que não o era originalmente. À Faculdade de Filosofia só foi dado um "lugar" depois de duas ocorrências *terminais:* o desmembramento da Faculdade de Filosofia Ciências e Letras, com a saída dos cursos de ciências que deram origem aos atuais institutos, e sua transformação em Faculdade de Filosofia, Letras e Ciências Humanas, por efeito da reforma universitária; e o incêndio do prédio da rua Maria Antonia pelos grupos paramilitares sediados na Universidade Mackenzie, com a conivência das autoridades de segurança pública e pelo menos a omissão das autoridades universitárias.

Que os responsáveis pela segurança da cidade e pela integridade da universidade não tenham feito nada para preservar o prédio da Faculdade de Filosofia é fato significativamente revelador. Viram no episódio ocasião para separar e segregar a única escola que, no contexto da USP, possuía perfil autenticamente universitário, o que era expresso tanto no seu ideário de formação quanto na sua conduta crítica. Nesse sentido, tentavam destruir um outro "lugar", que não era nem o prédio nem o assento do Conselho Universitário: procuravam destruir o perfil de liberdade acadêmica e política que a Faculdade tentava construir e irradiar para o restante da universidade, e também — aí está o mais grave — para a cidade. Com efeito, em 1968, a Faculdade de Filosofia e a rua Maria Antonia transformaram-se no polo de resistência ao regime militar. Assim se explica o acordo tácito entre a autoridade civil, a autoridade militar, o esquema paramilitar mackenzista e *a própria* USP: mesmo sem poder e sem recursos, a Faculdade de Filosofia havia se tornado a espinha dorsal da universidade enquanto crítica e resistência, e essa espinha precisava ser quebrada.

Era preciso não deixar à Faculdade outra alternativa que não fosse a retirada: nesse sentido é muito apropriado referir a desocupação da Maria Antonia a figuras de retirantes e exilados, bem como à intenção, talvez involuntariamente simbólica, por parte dos agressores, de que a consumação pelo fogo levasse ao esquecimento, como se fazia outrora com as casas dos condenados à morte, para que deles não restasse coisa alguma, nenhuma referência ou lembrança. Era preciso matar a memória.[3] Daí a significação do recomeço: nova configuração institucional, novo nome, outro *lugar*. Um lugar sem memória, neutro, longe, separado, segregado, mas ainda não um lugar propriamente seu: algo provisório, longamente, se possível indefinidamente provisório, para dificultar qualquer tentativa de recomposição coletiva, política e acadêmica. A precariedade proposital e a própria forma dos "barracões" que abrigaram cursos da FFLCH a partir de 1969 não têm nada a ver com o acaso. Depois de destruir o *lugar* e, assim, enfraquecer o símbolo do polo de agregação contestadora, era preciso também prevenir a continuidade da irradiação crítica e contestatária que emanava desse polo. Tentou-se fazê-lo por via de uma ruptura nas condições em que antes ocorria a continuidade da vivência entre a universidade e a cidade, entre a vida universitária e a vida cidadã, nos seus diversos aspectos. Na rua Maria Antonia, essa continuidade não existia apenas devido à localização urbana: esta era apenas a causa ocasional de uma sociabilidade peculiar, construída na incorporação criativa que constantemente se dava na relação de reciprocidade entre a universidade e o contexto social. Daí a variedade quase caótica das modulações políticas e culturais ali cotidianamente gestadas.

É muito claro, portanto, que a ideia de *cidade* universitária comporta o significado de *gueto*, e isso, como se sabe, não apenas entre nós. Que o projeto de cidade universitária seja anterior às agitações políticas da Maria Antonia em nada desmente essa

---

3. Cf. a respeito CARDOSO, Irene. "Maria Antonia: a Interrogação sobre um Lugar a partir da Dor". *in Para Uma Crítica do Presente*. Ed. 34, São Paulo, 2001. Veja-se ainda, na mesma coletânea, "Maria Antonia: o Edifício de número 294". Cf. também SIMÃO, Azis. "Na Faculdade". *in* SANTOS, M. L. *Maria Antonia: Uma Rua na Contramão*, Nobel, São Paulo, 1988.

afirmação. Pois não se trata apenas de uma segregação motivada por distúrbios concretos (passeatas e manifestações), embora isso possa ter precipitado os acontecimentos. Trata-se de uma segregação da ideia crítica de universidade através da anulação das condições de sua expressão pública. Foi a impossibilidade de controlar essa expressão que gerou a ideia de seu confinamento. Nesse sentido a separação corresponde ao propósito de tolher o caráter público da expressão contestadora, transformando atores e expectadores num círculo endógeno destinado a autoexaurir-se. Se tal propósito por si mesmo não explica totalmente o fenômeno de despolitização da USP, pelo menos deve ser visto como uma de suas causas mais operantes. O propósito do gueto é confinar toda e qualquer expressão de diferença à homogeneidade, a ponto de tornar a manifestação inexpressiva, o que equivale a reduzi-la ao silêncio. Essa forma de domesticar a contestação, enquadrando-a em dispositivos que controlem e disciplinem, é característica das democracias formais, em que há empenho na minimalização dos conflitos e na marginalização de seus significados.

A consequência desse processo é a anulação da relação de cidadania entre a universidade e a cidade, o que faz parte da estratégia de provocar a rejeição social da instituição pública. A universidade é vista como excrescência e não como parte da cidade. Assim se impõe uma determinada representação da exclusão recíproca entre instituição pública e espaço público, como se a universidade pública não devesse ocupar o espaço da cidade. O *campus* afastado torna-se então a representação arquitetônica do isolamento e da fragmentação, que tendem a ser vistos como *naturais e necessários*. Ao mesmo tempo o imaginário popular é encorajado a ver nesse distanciamento e nessa separação uma forma de elitização da universidade e de discriminação da maioria da população, e disso se aproveitam os arautos da privatização para contestarem o sentido da universidade pública. De fato, o isolamento da universidade pública a impede de manter uma relação ativa de cidadania com a população. Mas isso acontece porque não interessa às verdadeiras elites que uma tal relação se concretize: em geral, quando se fala da relação entre universidade e sociedade, o que os governantes e a cúpula universitária têm em mente é a relação com as empresas e a universidade a serviço do capital, ou o público a serviço do privado, como prova eloquentemente o fenômeno da proliferação das fundações e a impossibilidade de sequer disciplinar (quanto mais reverter) o processo. Percebe-se então que as *cidades universitárias* inscrevem-se num universo processual mais amplo, cujo parâmetro principal é a dissolução do espaço público e a desinstitucionalização da universidade.

A estratégia de rejeição utilizada dentro de uma planificação mais ampla de desmoralização das instituições públicas e o desmantelamento progressivo através de ações e omissões, impede que se possa pensar numa "universidade para a cidadania", isto é, a instituição "como peça importante no jogo sociopolítico de construção da cidadania, refletindo sobre as possibilidades de um saber e de uma prática universitárias voltadas a conduzir para o centro da vida pública brasileira a figura do cidadão ativo [...]".[4] Para que a universidade pudesse desempenhar esse papel, haveria que se promover uma ampla discussão político-institucional da inserção socio-histórica da instituição e de sua função crítica na formação da consciência cidadã. Para isso seria preciso superar tanto a visão de cidadania como categoria jurídica quanto, de forma mais ampla, a visão exclusivamente normativa da sociedade. Temos de convir que já nos é impossível pretender sequer algo próximo a esse *desideratum*, porque a condição primeira, hoje recusada com veemência em nome da eficácia organizacional, seria que a própria universidade se dispusesse a discutir as relações complexas entre o processo de conhecimento e o poder político, visando a questão acima das injunções conjunturais e partidárias e considerando principalmente o plano ético.[5]

---

4. MURICY, Marília. "Universidade para Cidadania". *in* PINHEIRO, L H (org). *Crises e Dilemas da Universidade Pública no Brasil*, EDUFBA, Salvador, 1995, p 58.
5. MURICY, Marília. Ob. cit., p 60.

Nesse sentido não deve surpreender que a relação entre universidade e sociedade, que deveria ter no vínculo entre a universidade e a cidade uma de suas expressões concretas, seja hoje tão somente objeto de considerações formais e preceitualistas, isso para não mencionar a extraordinária dose de hipocrisia presente nos discursos oficiais sobre o assunto. Quando se fala dos exemplos de relação entre universidade e sociedade nos países desenvolvidos, omite-se, em geral, que essa relação, nos Estados Unidos, ocorre entre as grandes universidades e o complexo industrial-militar, razão pela qual o desenvolvimento da pesquisa é inseparável da alienação da autonomia aos interesses que comandam o financiamento dos grandes projetos.[6] Quando se chega a esse ponto, a impossibilidade da discussão ética torna-se elemento constitutivo da vida universitária. Como o mercado, em seus vários níveis, é impulsionado de diferentes maneiras, de forma que é preciso tanto despertar e exacerbar o desejo do pequeno consumidor quanto provocar guerras dispendiosas, a universidade de mercado insere-se nesse processo, seja oferecendo-se como objeto de consumo, seja oferecendo aos manipuladores políticos do mercado subsídios, em termos de produtos e ideias, para a manutenção e expansão do sistema. Vivemos uma realidade tecnocientífica em que o progresso e o aprimoramento dos *meios*, isto é, a operacionalidade técnica, contrasta com a mais completa indiferença quanto à *finalidade*. Daí a dissolução de qualquer norma e de qualquer valor, fenômeno exaltado pelos entusiastas da chamada "pós-modernidade", que parecem não ver que essa diluição acontece como contrapartida de um incrível fortalecimento do caráter sistêmico da realidade

---

6. Ao comentar casos da espécie, Robert Paul Wolff cita duas instituições importantes: "Tenho em mente a decisão de um Reitor, ou de um conselho de mantenedores que emprestam os recursos de uma universidade para atos criminosos de agressão externa, como na Universidade Estadual de Michigan, ou que permitem o isolamento de prédios e corredores para a pesquisa secreta, como no Massachussets Institute of Technology (MIT)." (WOLFF, R. P. *O Ideal da Universidade*. Ed. UNESP, São Paulo, 1993, p 177).

social, cujo controle ultrapassa os mais radicais prognósticos de um Orwell ou de um Huxley.[7]

O que prejudica uma autêntica relação de cidadania entre a universidade e a cidade é o desaparecimento da identidade coletiva do indivíduo cidadão. Numa relação orgânica entre o individual e o coletivo, é a comunidade que fornece o lastro para que alguém possa vir a constituir *comunitariamente* a sua individualidade. Os laços comunitários configuram a cidadania concreta, porque cidadão é aquele que está vinculado à cidade numa relação política, isto é, intrínseca. Quando o cidadão é apenas o *habitante* da cidade, como ocorre na época moderna, essa relação extrínseca não configura qualquer pertinência: a cidadania torna-se abstrata. Mais ainda, deparamo-nos com uma *privatização do conceito de cidadania*, consequência do individualismo exacerbado que caracteriza o nosso tempo.[8] Trata-se de um fenômeno social mais amplo, que no entanto se reproduz nitidamente na universidade. A competição, muitas vezes feroz, seja no âmbito da ascensão na carreira, seja pela obtenção de cargos ou pela produtividade faz com que o indivíduo considere a universidade como um meio de competir e vencer pessoalmente, ficando o empenho institucional relegado a plano secundário, quando não desaparece. A avaliação estimula o processo: as instâncias de avaliação atuam como o *grande olho* que a todos controla por meio de regras gerais e impessoais, o que reduz o indivíduo a um elemento da cadeia de produtividade.

A prevalência do individualismo se dá em detrimento da comunidade. Não se pode dizer que a organização física das universidades em cidades universitárias tenha feito surgir comunidades de professores, funcionários e alunos. Pelos motivos

---

7. Cf. DUPAS, Gilberto. *Tensões Contemporâneas entre o Público e o Privado.* Paz e Terra, São Paulo, 2003, especialmente p 11 ss.
8. Cf. DUPAS, Ob. cit., p 30. Talvez se possa associar a esse fenômeno de privatização da cidadania a tendência a identificar a defesa da cidadania com a proteção dos interesses privados, ao modo das associações que se propõem a defender direitos do indivíduo enquanto usuário ou consumidor.

mencionados acima, a comunidade aparece, no máximo, e assim mesmo em algumas ocasiões, como instrumento para que o indivíduo se afirme como tal, ou como uma instância à qual ele eventualmente recorre quando se sente prejudicado nos seus interesses particulares. Dessa forma cria-se o mito da responsabilidade individual relacionada à produtividade e ao mérito: é dever de cada um destacar-se individualmente, o que é interpretado como a responsabilidade que o vincula à instituição. Na verdade, a responsabilidade institucional, a excelência da universidade do ponto de vista do mérito coletivo e outras qualificações institucionais constituem apenas pano de fundo para a valorização do êxito particular, já que o destaque individual numa grande instituição é visto como mais significativo do que numa outra de menor porte. Daí a valorização da instituição no seu perfil *oficial* (principalmente no plano dos resultados quantitativos) e a desvalorização da *comunidade* que *faz* a instituição, mas que *ainda* não possui feição suficientemente homogênea para se identificar completamente com o perfil institucional *oficial*. Claro está que a desvalorização da instância do *político* como vínculo comunitário, mesmo enfraquecido, está muito presente nessa discriminação. O grande esforço que se desenvolve atualmente vai no sentido de abolir o caráter político (ou o que resta dele) da instituição universitária; o objetivo visado é claro: a abolição do caráter político é ao mesmo tempo a dissolução do perfil institucional e público. Resta então a opção organizacional, ou o loteamento privado do espaço público.

O que há nisso de surpreendente, se também a cidade (o país) segue esse caminho, saudado duplamente pela maioria, por ser ao mesmo tempo o melhor e o único possível? Não se associa atualmente a responsabilidade governamental à manutenção e à ampliação do perímetro excludente da cidadania? Não é o fosso que separa incluídos e excluídos a própria marca registrada da eficiência tecnocrática no gerenciamento da economia e da moralidade que deve vigorar na manutenção dos "contratos"? Na linha da modernização conservadora que ultimamente deu novo fôlego ao neoliberalismo no país, a universidade certamente será, mais uma vez, reformada. O contexto político já nos pode antecipar algo dessas modificações, pois ao que tudo indica, a universidade apenas terá que completar seu processo de adaptação, que até aqui tem sido um pouco retardado pelos estertores de um espírito crítico agonizante. A imposição do pensamento único não deve deixar muito espaço para a explicitação política de conflitos. A conciliação se dará pelas formas falsas da democracia e ninguém há de reclamar de uma eficácia que provenha da acomodação "sistêmica" dos interesses. Uma hábil campanha publicitária e uma boa exibição midiática poderão mostrar que o caminho para que a universidade pública saia do seu isolamento "elitista" já está aí, há muito tempo, à vista de todos: o mercado dos bens educacionais, tão estimulado pelos governos. Há que se vencer a renitência em relação à evolução e ao progresso e correr atrás do ensino superior privado, para descontar o atraso na adoção do novo paradigma e superar a ameaça de obsolescência. Os gestores da USP já estão nesse caminho há algum tempo, sendo que os procedimentos e os resultados aparentemente têm sido bem aceitos, pois não há qualquer iniciativa de discussão de critérios ou de outro tópico que envolva as significativas mudanças no perfil institucional que vão ocorrendo como se fossem simples ajustes administrativos. Se essa é a situação da maior universidade do país, não seria fundada qualquer expectativa de que as coisas pudessem seguir rumo diverso no sistema universitário brasileiro como um todo.

Da Igreja ao Estado, do Estado ao Mercado: a universidade parece ter completado o ciclo da sua existência — e o bom senso indica que não há mais utopias a projetar no futuro, nem mesmo esperanças de transformação que possam ser "responsavelmente" alimentadas. No passado, muitos princípios governaram, de fato e de direito, as relações entre universidade e história, universidade e política, universidade e sociedade, universidade e liberdade, universidade e cidadania etc.: todos ruíram; trata-se de abandonar rapidamente os destroços, esquecer que um dia lá se abrigaram sonhos e projetos. O presente e o futuro pertencem aos que aderiram ao princípio de realidade.

O futuro da universidade

O futuro da universidade: na abordagem desse tema faz-se necessário antes de tudo uma precaução, no sentido de procurar evitar muito do que se tem dito ultimamente acerca da "universidade do futuro", a "universidade do terceiro milênio", a "universidade do novo século" etc. Quase todas as vezes que tais expressões são utilizadas pode-se perceber um propósito de enaltecer no presente os elementos do futuro que nele são anunciados. Perspectiva que coloca o problema de como devemos considerar o futuro: será o futuro o resultado da inserção de nossas ações numa temporalidade linear, em que o curso evolutivo dos eventos vai fazendo aparecer novas paisagens que o tempo nos reservaria, assim como vamos descobrindo progressivamente as coisas que se situam além do horizonte nos caminhos percorridos? Ou será o futuro aquilo que projetamos a partir de nossas expectativas, que nascem, confirmam-se, modificam-se ou se desfazem no confronto dialético entre nossas esperanças e os eventos concretos que encontramos e vivemos à medida em que o futuro se faz presente? Talvez a simples visão retrospectiva da experiência baste para nos convencer de que a temporalidade histórica não deveria ser pensada como uma trilha em que a sucessão fosse constituída por marcas de orientação, cuja diversidade e variedade de localização não superaria a unidade de direção, já desde sempre previamente traçada por quaisquer ordens de determinação. Viveríamos assim situações em que as mudanças trazidas pelo futuro seriam sempre perfeitamente compatíveis com a continuidade do presente, e poderíamos depositar uma confiança irrestrita nesse fundo de homogeneidade sobre o qual ocorreriam as diversificações do fluxo do tempo. A experiência, sobretudo no seu aspecto histórico, mostra que o fluxo do tempo é muitas vezes permeado por contradições, imprevisibilidade e decepções, o que nos impede de viver o tempo como uma série de apropriações contínuas de resultados sucessivos.

No entanto, muitas vezes confundimos a *inexorabilidade da passagem do tempo* com a *inevitabilidade dos eventos que se sucedem*, como se todos os acontecimentos devessem ser compreendidos em função de uma história presente que os constrói, por assim dizer preparando-os para se tornarem reais. É isso que nos faz privilegiar o presente, como tempo de construção e preparação do acontecimento futuro. Diríamos, numa linguagem analítica, que o futuro, como *efeito*, somente pode conter aquilo que já está contido em sua causa no presente. E procuramos reordenar as diferenças que nos decepcionam tentando encontrar, retrospectivamente, identidades que eventualmente não teríamos percebido no presente vivido, mas que lá teriam existido de qualquer forma, orientando o advento do futuro, exatamente como a causa produz, por si mesma, o efeito. Isso significa que quando valorizamos o futuro estamos na verdade enaltecendo o presente, que já o conteria em princípio. Se o curso do tempo é necessário, por que não o seria também cada evento que confere à temporalidade a realidade historicamente efetiva?

Isso pode nos ajudar a compreender porque muitas vezes o futuro da universidade é tão precisa e seguramente afirmado como a realidade da universidade do futuro, cujos traços já poderíamos distinguir no presente com suficiente nitidez. Com efeito, daquilo que a universidade é, no momento, como realidade presente, podemos extrair elementos para a representação de como ela será no futuro, visto que quanto mais certas características se afirmam no presente, tanto mais elas tendem a se prolongarem em continuidade no futuro. Daí a afirmação que, no que se refere à universidade, assim como em muitas outras realidades institucionais e políticas, o caminho é irreversível, pois do fato de que não podemos tornar o presente imediato diferente do que ele é se poderia inferir a necessidade de um futuro moldado no presente e que sem dúvida aprofundaria suas características, admitindo-se a lei de continuidade do progresso.

Deveríamos portanto aceitar com naturalidade tanto o presente, fruto do passado, quanto o futuro, resultado do presente. Concebida dessa forma a experiência do tempo histórico, só é possível uma atitude: a adaptação como conformidade racional ao que existe e ao que virá a existir.

Certamente isso tem muito a ver com uma concepção evolucionista da experiência histórica. Assim como a evolução considera o progresso na cadeia de seres vivos medindo-o pelo grau de adaptação ao meio ambiente, também o progresso civilizatório poderia ser estimado em relação à adaptação dos indivíduos ao "meio" histórico: daí o valor que se costuma conferir àqueles indivíduos que sabem "responder" às necessidades de sua época, que se colocam "à altura" do contexto histórico em que vivem. Contrastando com estes, teríamos aqueles que não sabem reconhecer as solicitações de seu tempo e que, assim, não "correspondem" ao progresso. Essa concepção naturalista da história está por trás da passividade que atualmente é requerida como a única conduta coerente, aquela que se pauta pela concordância fundamental com o que nos é imposto como o curso natural das coisas. O grande mérito do conhecimento seria o de antecipar as etapas dessa evolução, para que pudéssemos orientar nosso comportamento presente pelas representações que fazemos desse futuro em vias de acontecer. Essa seria a diferença entre os seres simplesmente naturais e o homem: este *sabe* que vive sob a égide do *progresso natural*, e essa consciência lhe permite preparar-se eficazmente para as etapas subsequentes, reconhecidas por via da capacidade de previsão.

Mas se ainda não perdemos totalmente a capacidade de discernir entre os seres naturais e os seres humanos, e se ainda não estamos de todo submetidos a uma visão reificada da experiência, talvez possamos suspeitar que o que configura a singularidade humana não é tanto a resposta às injunções do meio natural, mas principalmente a capacidade de agir em função das condições históricas no confronto com as quais se constrói o estatuto de agente histórico. Como tais condições são geradas num contexto humano, o conflito entre o sujeito e a realidade não significa necessariamente a morte causada pela desadaptação, mas a possibilidade de transformação que é, propriamente, a característica distintiva da experiência histórica. Isso significa que não existe uma ordem natural inelutável definida como evolução e progresso: existem resultados contingentes da ação histórica, que são incorporados à representação da realidade, configurando assim a experiência humana na sua generalidade, composta do heterogêneo e do contraditório. Tais reparos nos previnem contra uma linearidade continuísta e evolutiva que faria da ação humana não uma *experiência*, mas uma sucessão de comportamentos naturais. E essa precaução é tanto mais necessária quanto podemos ver, no ideário da globalização e do neoliberalismo, uma concepção radical de mecanicismo comportamental que dissolve as relações entre subjetividade e história, entre a ação e a política, numa pluralidade de reações, ou de reativações, inteiramente governada por determinações *a priori*, destinadas a perfazer um consenso que visa menos do que produzir um "pensamento único", porque objetiva a supressão do pensamento por via da total abstração da realidade do sujeito, inteiramente identificado ao elemento de um sistema. Dessa forma, postula-se uma definição de individualidade como concorrência puramente vitalista, e a comunidade humana passa a ser concebida como uma multidão de átomos girando no vazio, compondo-se e decompondo-se numa dinâmica gerida por forças que os ultrapassam.

As considerações feitas até aqui referem-se a um conjunto de ideias que, nos últimos quinze anos, mas com mais intensidade nesses seis últimos anos, atingiu profundamente a universidade, a ponto de podermos dizer que ela se encontra hoje diante de opções que dizem respeito ao seu mais íntimo modo de ser[1] . Para compreender a crise, que se procura aliás por várias formas esconder, tentemos analisar alguns elementos da represen-

---

1. Acerca das representações da universidade, num sentido diferente, mas também convergente com o que dizemos aqui, cf. CARDOSO, Irene. "Imagens da Universidade e os Conflitos em torno do seu Modo de Ser". Revista USP. Número 25, março/abril, 1995.

tação de universidade que vem sendo progressivamente imposta e, em grande parte, assimilada. O primeiro deles diz respeito à relação entre a universidade do presente e a universidade do futuro. O que está sob muitos dos argumentos que defendem o que se convencionou chamar de "modernização" e "racionalização" da universidade, ou seja, o modelo da eficiência produtivista, é a ideia de que somente aqueles que aceitam o que nos é proposto como universidade do presente podem compreender a universidade do futuro. Pois o que o presente tem de melhor seriam os seus traços de futuro. Assim, o processo de modernização pelo qual estaria passando a universidade conteria em si uma representação antecipada de um projeto, que se realizaria (ou melhor, que inevitavelmente se realizará) na universidade do futuro. É interessante notar que essa maneira de relacionar o presente e o futuro da universidade confere aos elementos do presente um alto grau de positividade, derivado exatamente de estarem eles inscritos não apenas na atualidade mas também na representação do futuro, imaginando-se que no futuro tais elementos se consolidarão na sua total efetividade, o que ainda não ocorre no presente. Isso serve então para qualificar aqueles que tomam posição crítica em relação ao presente: seriam os que não conseguem articular presente e futuro de modo a perceber a continuidade, e o progresso que ela representaria. Como o progresso é uma espécie de "dado natural", a resistência ao presente, a recusa de aceitar passivamente o futuro que ele promete, torna-se uma atitude descabida, e mesmo irracional, enquanto indicadora de irrealismo.

Outro elemento, estreitamente relacionado ao anterior, é a ideia de que a "universidade do passado" estaria definitivamente superada. Invoca-se, para defender essa ideia, o argumento de que a universidade é um produto histórico, devendo portanto acompanhar as modificações que marcam o transcurso das épocas. Vistas as coisas dessa maneira, a experiência histórica passada possuiria uma conotação eminentemente negativa, servindo apenas para registrar, como "dados", o que a universidade *foi* nas diversas etapas de seu desenvolvimento. Nada disso poderia se integrar ao presente, porque o desenvolvimento histórico por definição "supera" as etapas que ele atravessa. Como se trata de uma trajetória de progresso, é sempre o presente que conta, conferindo-se ao passado uma dimensão no máximo subsidiária, como condição cronológica de realização do presente. Essa qualificação sumária do passado como negativo nivela todos os acontecimentos da história da universidade, impedindo-nos de diferenciar, neles, as *ações* promotoras da emancipação e da autonomia daquelas que coonestaram a subserviência, o autoritarismo e a repressão. A experiência histórica é relegada como inócua e evocada apenas como curiosidade. E qualquer tentativa de iluminar o presente por via da experiência passada é vista como retrocesso, arcaísmo ou nostalgia. Isso explica um certo embaraço em lidar com o passado, nos momentos em que se torna inevitável falar dele, como nos momentos de comemoração. A tradição se transforma num fardo incômodo quando o presente se configura como traição do passado em vários aspectos. Na impossibilidade de decretar o total esquecimento, o que seria o mais conveniente, procura-se reinterpretar o passado para mostrar que o presente é sempre, de qualquer forma, a realização mais perfeita da realidade e das projeções do passado, ainda que as contradiga. Atualmente é possível observar essa atitude na relação que as pessoas estabelecem com as experiências políticas da universidade no passado. Como a universidade, no presente, caracteriza-se como totalmente despolitizada, é preciso, para justificar esse estado de coisas, retirar o valor intrínseco dos compromissos políticos assumidos no passado. Esses são recontados então de diversas formas, que vão, no melhor dos casos, da constatação de equívocos bem-intencionados até a rememoração complacente de um voluntarismo heroico e utópico. Um arco de representação que despoja o passado político da universidade de qualquer sentido efetivo em termos de inserção real na sua atualidade histórica.

Um terceiro elemento importante na representação atual da universidade diz respeito à relação entre indivíduo e comunidade. A estrutura interna das instituições e as pressões das agências de fomento encorajam por todos os meios a formação de grupos de pesquisa a partir de duas alegações. Em primeiro lugar, de um ponto de vista da administração de recursos, seria mais racional que as verbas fossem distribuídas entre projetos que aglutinassem competências, em vista de resultados integrados, do que dispersadas entre pesquisadores individuais com propósitos bastante diferenciados e metas particularizadas em função de trajetórias de pesquisa singulares. Em segundo lugar, do ponto de vista acadêmico, a desvinculação do pesquisador de seu lugar de origem — departamento, instituto, faculdade ou mesmo universidade — permitiria organizar os grupos por critérios que estariam acima dos vínculos institucionais, desobrigando-o dos compromissos com o núcleo acadêmico a que naturalmente pertence e levando-o a prestar contas de suas atividades a instâncias com as quais estaria, de fato, economicamente vinculado, o que retiraria da atividade de pesquisa a sua subordinação à corporação acadêmica imediatamente mais próxima do pesquisador. Supõe-se que esses tipos de agregação e vinculação abrem horizontes mais amplos, e propicia uma relação mais saudável entre o indivíduo e o grupo. Na verdade o objetivo visado por essa reorganização é a desestabilização e, no limite, o rompimento de uma relação mais orgânica entre o indivíduo e a comunidade acadêmica. O que se procura é substituir vínculos lastreados na história e na convivência institucional por compromissos formais, análogos a ligações contratuais, em que o pesquisador aloca seus serviços, em troca de recursos e condições de trabalho, a um grupo ao qual estaria apenas formalmente vinculado, com o qual não se relaciona por sua história passada e no qual os interesses não surgiram nem se desenvolveram comunitariamente. Um agregado de pessoas que possuem em comum apenas a expectativa de resultados que justifiquem o investimento de recursos. Ora, dizemos que o indivíduo e a comunidade estão organicamente relacionados quando a liberdade individual se fundamenta no compromisso comunitário, e a contribuição individual será tanto mais efetiva quanto mais lastreada numa história compartilhada a partir da qual são gerados os interesses comuns. Quando essa gênese ou formação é substituída unicamente pela visão prospectiva de resultados, a vinculação adquire um caráter instrumental que desmente qualquer vivência de trabalho realmente comunitário.

Mas é evidente que o trabalho universitário não está sendo reorganizado dessa maneira por acaso. Essa maior mobilidade dos indivíduos, que tem a aparente pretensão de desburocratizar e flexibilizar os agrupamentos de pesquisadores, destina-se, ao que tudo indica, a quebrar a relação entre indivíduo e comunidade acadêmica, retirando dessa relação os eixos que a firmavam na ambiência histórico-institucional. Com isso se esgarçam também os vínculos de convivência que, sob o pretexto de alargamento, são tornados abstratos. Não é preciso refletir muito para entender que o objetivo é a destruição do sentido comunitário da experiência acadêmica, frequentemente desmerecida sob o epíteto de "corporativismo", e o consequente elogio do individualismo exacerbado e da competição. Pois se o grupo formado apenas para o objetivo utilitário de captação de recursos constitui uma falsa comunidade, é claro que os indivíduos que dele fazem parte não atuam comunitariamente, apenas agregam os seus interesses individuais para a consecução de uma finalidade específica, estando cada um na condição de meio para que o outro atinja sua finalidade, só eventualmente combinada com os fins perseguidos pelos demais. Essa instrumentalidade recíproca, que se traduz apenas numa cooperação formal, de um lado desgasta a individualidade, porque esconde seus liames concretos com a comunidade e, de outro, impede que a instituição seja pensada de forma relacionada com o bem comum, dela mesma e da sociedade, uma vez que o espaço institucional fica reduzido a uma arena de competição. Ao mesmo tempo, a disseminação dessa atitude tolhe qualquer possibilidade de compreensão da atividade científica e do trabalho intelectual como produção social, repousando sobre uma responsabilidade coletiva que se manifesta numa pluralidade diferenciada de formas.

Esse comentário descritivo de alguns elementos da representação de uma universidade "modernizada" e "racionalizada" pode ensejar algumas reflexões que levem a nos situarmos dentro do quadro atual. Seja-nos permitido lembrar algumas coisas que todos já sabemos. A primeira delas é a ligação existente entre os elementos que compõem a representação da universidade e as formas vigentes de sociabilidade. Isso é importante para que se ganhe alguma clareza quanto à modalidade de inserção do trabalho universitário no conjunto da sociedade. Vivemos um contexto em que a ordem econômica não apenas predomina na organização material da sociedade como ainda projeta um "simbolismo econômico" (expressão de Marschal Sahlins) que é "estruturalmente determinante" na cultura, como se houvesse uma lógica simbólica cujos operadores seriam de ordem econômica.[2] Isso quer dizer que a produção simbólica está inteiramente assimilada à produção de bens e serviços, o que demarca o lugar e a significação do trabalho intelectual. Essa é a razão pela qual a dimensão cultural, portanto simbólica, do saber tende a ser entendida como produção de *coisas*, mais precisamente *produtos*, avaliados economicamente. Ora, esse traço da sociedade burguesa traz em si um elemento de recusa do trabalho intelectual, que se apresenta e atua no entanto como *assimilação* do simbólico à coisa. Como resultado desse processo são geradas duas atitudes: a primeira é a de conformar-se à reificação e aceitar o modelo produtivo como parâmetro do trabalho intelectual. A segunda é considerar que o trabalho intelectual *transcende* as determinações sociais e se realiza de forma inteiramente autônoma. No limite, a primeira vê o trabalho intelectual como epifenômeno da produção material de bens, e a segunda o vê como a instância do incondicionado. O que falta a ambas as posições é o sentido da experiência integral do trabalho intelectual: a perspectiva em que a sua inserção social aparece como *conflituosa*, o que se torna patente quando consideramos a questão da inserção da universidade numa configuração histórica dominada por uma ideologia que a recusa.

---

2. Cf. a respeito BRANDÃO, C. R. *A Educação como Cultura*. São Paulo, Brasiliense, 1985, p 106.

Para retomar o fio das considerações iniciais, podemos afirmar que tanto o conformismo adaptativo quanto a transcendência que tende para a alienação representam modos de relacionamento com o tempo histórico: no primeiro caso uma inserção absoluta; no outro, uma recusa absoluta. Seja-nos permitido referir aqui a análise de uma experiência política como inserção histórica, que dá um testemunho muito preciso do que qualificamos há pouco como inserção conflituosa.

"Esse patrimônio cultural constituído pela Faculdade de Filosofia, Ciências e Letras foi, desde a sua fundação, marcado por um traço bastante singular: o de um descompasso e inconformismo com o seu tempo histórico, tanto como núcleo de criação social formulador de um pensamento crítico, quanto como sede de lutas políticas importantes, tais como contra o fascismo — e o Estado Novo — a campanha pela escola pública, a luta pela reforma universitária, nos seus vários momentos [...] e a resistência contra a ditadura instalada em 1964. Exatamente em razão desse traço de inconformismo com os limites impostos pelo seu tempo não foram poucas, ao longo de sua história, as tentativas de seu silenciamento."[3]

Como toda experiência histórica, a trajetória da universidade está permeada por contradições. No caso da USP, por ex., sua fundação se deu num contexto de luta política entre a ilustração paulista e as oligarquias rurais que então dominavam a política nacional. A USP, e notadamente a Faculdade de Filosofia, Ciências e Letras, espécie de escola-núcleo da nova instituição, deveria se constituir como celeiro de formação de dirigentes políticos com uma visão de mundo mais avançada, possiblitando assim

---

3. CARDOSO, Irene. "Maria Antonia: o Edifício de número 294". *in* MARTINS Filho, José Roberto (org). *1968 faz Trinta Anos*. Ed. UFSCAR/Mercado de Letras/FAPESP, 1998, p 41. A autora se refere à Faculdade de Filosofia, Ciências e Letras da USP (atual Faculdade de Filosofia, Letras e Ciências Humanas), mais precisamente ao episódio que ficou conhecido como "A Guerra dos Estudantes", conflito entre os estudantes da USP e da Universidade Mackenzie em 2 e 3 de outubro de 1968. A partir desse fato, introduz importantes reflexões acerca da questão da inserção histórica da USP. Em que pese a referência singular, o texto possui um alcance geral ao evocar o problema das relações entre universidade, autonomia do trabalho intelectual, crítica e história.

a inserção efetiva da jovem república na modernidade política. O objetivo, ao mesmo tempo renovador e conservador, encontrou vários obstáculos à sua realização, tanto do lado do autoritarismo vigente na época quanto do lado da ampliação crítica dos horizontes de formação que, malgrado a intenção dos fundadores, resultou na radicalização política cuja maior expressão foram os episódios que marcaram o ano de 1968. Daí a necessidade de silenciar a instituição que no entanto em princípio havia sido criada para expressar anseios de progresso e emancipação. Importa reter desse exemplo que a experiência histórica, nesse caso, produziu uma *inserção histórica conflituosa*, na medida em que a instituição não seguiu nenhuma das direções apontadas pela história do seu tempo: não se tornou instrumento de ascensão das novas elites nem se configurou como *locus* de defesa da ordem vigente. Ou seja, a exigência crítica inerente a um projeto de reforma da estrutura de poder se transformou num questionamento radical da ordem burguesa. Isso aconteceu porque a experiência histórica da universidade produziu a consciência das contradições, visando-as num nível mais profundo do que o pretendido pelos idealizadores da instituição.

É o teor dessa experiência histórica que está sendo intencionalmente desprezado pelos enaltecedores do presente. E a razão disso todos sabemos: o paradigma produtivo da universidade não comporta um trabalho internamente mediado pela atitude crítica. A racionalidade técnico-instrumental dominante requer para seu funcionamento a imediatez, a unilateralidade e a univocidade.

"Vinculada essencialmente ao presente, por uma racionalidade formal que não somente a envolve mas que também caracteriza cada vez mais a cultura contemporânea nas suas diversas manifestações, a universidade perde, por isso mesmo, o distanciamento crítico em relação a esse presente e à sua cultura."[4]

Um presente medido apenas por si mesmo tende a tornar-se absoluto, e assim não pode oferecer-se ao pensamento com a rela-

---

4. CARDOSO, Irene. Ob. cit., p 46.

tividade compatível com a crítica e o discernimento das coisas humanas. Por isso não se admite que mediações reflexivas possam fazer parte do trabalho universitário, já que tais mediações apenas retardariam a produção cultural entendida como produção de bens e serviços. É o *compasso* da contemporaneidade que exige uma inserção absoluta e acrítica. Ora, já vimos que a experiência histórica, quando vivida e refletida nas suas contradições, provoca o *descompasso* entre a universidade e o seu tempo. O que nos é proposto, então, é uma inserção mecânica que traz no seu próprio ato a justificativa da adaptação. Mas por ser a experiência histórica produzida pelo confronto entre a realidade e o sujeito agente, ela não pode, como já vimos, ser entendida como sucessão mecânica de eventos. Nenhum acontecimento se reduz à materialidade dos seus elementos: ele supõe sempre a intenção significativa dos sujeitos que o vivenciam, e é nessa dimensão que se encontra propriamente o *ato* histórico. Ora, essa intenção que atua no acontecimento é inseparável de uma "relação significativa com o passado", razão pela qual uma "sensibilidade estritamente voltada para o presente" só pode reduzir a experiência histórica da universidade à "funcionalidade institucional".[5] Nessa funcionalidade a sincronia tem que prevalecer obrigatoriamente, como condição da univocidade e da uniformidade, porque a percepção da diferença na temporalidade histórica traria consigo a necessidade de qualificar os conteúdos dessa experiência, para não considerá-los todos na mesma positividade de uma continuidade fundamentalmente homogênea. A prevalência da funcionalidade leva a uma articulação superficial da experiência. Na superfície da experiência temporal, o passado é apenas aquilo que já passou e cujas significações não sobrevivem à atualidade efetiva. Mas as significações do passado atuam no presente — e temos uma espécie de contraprova dessa relação no empenho com que se procura *esquecer* certos

---

5. CARDOSO, Irene. Ob. cit., p 47.

segmentos da experiência passada, exatamente para recalcar as significações.[6]

O compromisso do presente com essa "interdição do passado" naturalmente tem muito a ver com um outro recalque: o da *atualização* do presente como *processo* histórico e *ação* humana. Isso se reflete na universidade como a valorização do *produto* e do *serviço*. O que está feito, acabado, pronto para ser vendido e consumido é o que importa, porque não se atenta para os modos específicos do fazer como aquilo que confere singularidade ao que se faz. Em outras palavras, não se considera a *experiência do trabalho* mas apenas a *operação e seus resultados*. Daí a prevalência do viés quantitativo nas avaliações. A *universidade operacional* considera o conhecimento não um fim, mas um meio de inserção no mercado, ao modo das outras organizações. Como toda organização empresarial, ela abstrai todos os elementos do contexto social para reduzir as necessidades sociais às injunções do mercado. A visão mercadológica do trabalho universitário faz com que a universidade perca seu teor institucional, fenômeno que ocorre paralelamente à redução da relação com a sociedade à sua relação com o mercado. Por isso a universidade operacional cumpriria melhor o seu papel se fosse organização privada ou "organização social" nos moldes já propostos por defensores da "modernização". Na verdade, o gerenciamento universitário já se faz cada vez mais nos moldes de gestão privada, sob pretexto da necessidade de "racionalizar" e "agilizar". Isso é sentido no cotidiano do trabalho de ensino e pesquisa, a cada dia mais subordinado a controles operacionais e à pressão por resultados a curto prazo, o que substitui a experiência do trabalho, dotada de um tempo próprio, pela sucessão de adaptações no tempo acelerado que rege o ciclo da produção e do consumo. O que se solicita do pesquisador é que, como um "homem de visão", situe-se desde já no futuro, estando "à frente de seu tempo", isto é,

---

6. Cf. a respeito dessa questão CARDOSO, Irene. "Memória de 68: Terror e Interdição do Passado". Tempo Social — Revista de Sociologia da USP, 2 (2), 2. Semestre, 1990.

desligado de um contexto institucional historicamente definido, "isolado na frente" daqueles com quem está competindo e aos quais precisa sobrepujar a todo custo. A fragmentação dos indivíduos em microorganizações instrumentais assegura um alto grau de heteronomia interna na universidade, pois o único critério do êxito competitivo é o controle de todos pelo sistema, expresso em regras operacionais.[7]

Essa descrição do modo pelo qual a universidade vive o seu presente, relaciona-se com o passado e prepara-se para o futuro pode ser resumida numa palavra: *desfiguração*. No entanto, poder-se-ia argumentar, por que falar em desfiguração justamente no momento em que a universidade assume a *figura* do seu tempo, os contornos impostos pelo presente e até mesmo as expectativas geradas pela dimensão material da cultura? Não são a racionalidade tecnológica e a operacionalidade características insuperáveis de nossa época e definidoras do sentido que damos à civilização? A liberdade inscrita nas possibilidades indefinidas do progresso científico e técnico, não a teríamos conseguido justamente porque passamos a considerar a racionalidade operacional como um valor? Será que caberia então questionar o próprio traço que realiza a união dos termos desse binômio essencial, civilização e cultura? A resposta a essas perguntas depende da maneira pela qual avaliamos as realizações da civilização. Com efeito, o olhar empírico e positivista só pode constatar a vitória do presente, a vitória do homem do presente no mundo que a ele se apresenta. E dessa forma se estabelece a identificação, ou pelo menos a continuidade pacífica, entre o *ser* e o *dever ser*. Nas palavras de Marcuse:

"Agora podemos expressar o efeito principal desse processo numa fórmula: a integração do valores culturais na sociedade existente supera a alienação da cultura frente à civilização, e com isso nivela a tensão entre

---

7. Cf. a respeito CHAUI, Marilena. "A Universidade em Ruínas". *in* TRINDADE, H. (org.) *A Universidade em Ruínas na República dos Professores.* Petrópolis, Vozes, 1999.

o *'dever'* (Sollen) e o ser (Sein) *(que é uma tensão real, histórica), entre potencial e atual, futuro e presente, liberdade e necessidade."*[8]

Normalmente se considera como altamente positivo o fato de ser uma sociedade "integrada", isto é, tornada estável pela composição coerente dos valores que cultiva. Mas a coerência de um quadro de valores, e a positividade daí decorrente, pode ter sido estabelecida pela eliminação das oposições, pela pacificação das tensões e pelo bloqueio do negativo — ou seja, por qualquer consideração que não se restrinja a identificar as potencialidades históricas com o presente dado — com o *existente*, para usar um termo frequente em Adorno, mas que também aparece em Marcuse. A sociedade pode operar uma integração de valores num quadro absolutamente estável quando qualquer tentativa de diferenciação entre *ser* e *dever ser* é imediatamente remetida à *utopia*. Quanto mais enfraquecida estiver a ação da negatividade no interior da cultura, tanto mais a civilização se afirmará como *positiva*. O triunfo de uma determinada tábua de valores será tanto maior quanto maior for a capacidade de incorporar ou eliminar outros valores, dissolvendo assim qualquer oposição. A vitória de um conjunto de parâmetros civilizatórios não será completa enquanto esse conjunto tiver de conviver com outro que lhe seja oposto. Pois a potência do *dever ser* representa, nesse caso, sempre algum grau de ameaça àquilo que é e que se consolidou como *o existente*. É preciso que os conteúdos culturais se tornem homogêneos como "veículos de adaptação" para que a civilização do presente possa representar-se como triunfante. Dessa maneira a civilização se organiza de modo a administrar qualquer conflito, erradicar todas as contradições, resolver qualquer enigma, promover todas as conciliações, de tal modo que desapareça a "tensão real, histórica" entre a vida administrada e as potencialidades humanas. É a partir dessa identificação entre realidade e necessidade que surge a significação eminentemente "edificante" da cultura, tornada assim uma pedagogia da

---

8. MARCUSE, H. "Comentários para uma Redefinição de Cultura". *in Cultura e Sociedade*, vol. 2. São Paulo, Paz e Terra, 1998, p 160.

adaptação. O esvaziamento das tensões redunda na plena funcionalidade: tudo aquilo que não confirma essa funcionalidade é visto como não relacionado com a realidade, e é decretado como "irracional" pela racionalidade tecnológica dominante. Isso faz com que os valores nascidos de uma experiência ativa de contestação — autonomia, liberdade, igualdade — sejam retraduzidos de modo a perderem o potencial crítico e negativo inerente à sua gênese. Assim deve ser para que se reproduza o caráter dominante da racionalidade tecnológica. E disso se encarrega a educação.

"A educação para uma independência intelectual e pessoal soa como se fosse um objetivo geralmente reconhecido. Em realidade, trata-se aqui de um programa por demais subversivo, que encerra a violação de alguns dos mais sólidos tabus democráticos. Pois a cultura democrática dominante promove a heteronomia sob a máscara da autonomia, impede o desenvolvimento das necessidades e limita o pensamento e a experiência sob o pretexto de estendê-los ao longe por toda parte. [...] A liberdade mesma opera como veículo de adaptação e limitação."[9]

A concepção formal dos valores democráticos exige que o potencial das ideias seja identificado com a realização historicamente possível. E o conformismo aparece então como a realização da síntese entre o possível e o real: desejar mais do que se tem é desestabilizar o adquirido, pondo em risco a democracia. No entanto, as formas possíveis de realização são determinadas pela racionalidade dominante. Precisamente para se manter como *dominante*, essa racionalidade tem que limitar o potencial dos valores enquanto ideias voltadas à transformação. No limite, essa limitação ocorre como inversão: "a heteronomia sob a máscara da autonomia" e a liberdade operando como "veículo de adaptação". Para que essa inversão tenha sucesso, há que se manter uma experiência limitada dos valores como instrumentos de transformação. Tal limitação, por sua vez, só se torna possível pela ausência de uma *crítica da experiência*. Aquilo que denominamos há pouco desfiguração da universidade consiste

---

9. MARCUSE, H. Ob. cit., p 164.

principalmente na sua reorganização de modo a assegurar de forma sistemática essa ausência.

"Sem essa crítica da experiência o estudante é privado do método e dos instrumentos intelectuais que o habilitam a compreender sua sociedade e a cultura desta como um todo na continuidade histórica, na qual se realiza essa sociedade, que desfigura ou nega suas próprias possibilidades e promessas. Ao invés disso, o estudante é mais e mais adestrado para compreender e avaliar relações e possibilidades estabelecidas somente em *referência às relações e possibilidades estabelecidas.*"[10]

Não é surpreendente que o enaltecimento obsessivo do presente produza um pensamento circular, como se o passado e o futuro fossem construídos girando-se um compasso cuja ponta estaria fixada no presente, o que nos permitiria medir nossa relação com o passado e com o futuro a partir do presente como única e soberana referência. Partir do estabelecido para chegar novamente a ele significa *operar* sobre a realidade sem na verdade *agir* sobre ela. Como se a experiência fosse um lugar fechado sem portas nem janelas através das quais pudéssemos vislumbrar outras possibilidades e outras relações. É dessa forma que o futuro pode se sobrepor ao presente, que podemos medir um pelo outro e nos situarmos indiferentemente num ou noutro ponto de um mesmo lugar. Não admira que o presente seja dominado pelo pensamento único, se nem mesmo o futuro pode ser pensado de *outra* maneira. Não admira também que, só podendo transitar do estabelecido ao estabelecido, o conhecimento seja valorizado pela sua pretensa neutralidade, como se a grande virtude das ideias fosse a de passarem desapercebidas, como espectadoras anônimas no jogo dos interesses humanos.

No entanto, nossa civilização moderna, não somente nos seus aspectos "espirituais" mas também naquilo que tem realizado no domínio prático, deve tudo às ideias (pensamento científico e filosófico) por via das quais os caminhos históricos foram

---

10. MARCUSE, H. Ob. cit., p 166.

abertos. E no alvorecer da modernidade assistimos o embate entre o pensamento teórico e os componentes opressores da práxis, que traduziam as ideias consolidadas e cristalizadas. O caráter libertador desse conflito está na gênese da história moderna, e nos habituamos a ver nele um princípio de emancipação. Mas hoje já podemos pôr em dúvida o caráter libertador da ciência, já que o progresso da racionalidade instrumental fez com que os fins fossem absorvidos pelos meios, a um tal ponto que a racionalidade passou a corroborar, e não a contestar, a opressão da práxis.

Daí a necessidade de uma "crítica da experiência", de um distanciamento do presente, de uma outra articulação da temporalidade histórica, para que possamos resgatar, ao menos pelo pensamento, as "possibilidades e promessas" perdidas ao longo da história. Talvez a esperança de um futuro mais humano dependa em grande parte da capacidade de ressuscitar promessas mortas prematuramente para incorporá-las aos nossos projetos, não para repetir o passado, mas para construir um futuro que não seja apenas a reiteração do presente. Porque somente uma ação política e cultural articulada pela memória histórica pode criar condições para que possamos nos *opor* ao estabelecido e ao que está em vias de se estabelecer. A atitude de oposição vai--se tornando cada vez mais difícil quanto mais a liberdade vai sendo ajustada aos padrões de eficiência individual e produtividade organizada. Trata-se de um processo de incorporação da subjetividade ao sistema, de forma a que o exercício da autonomia seja substituído pelo desempenho padronizado: a produção, transmissão e assimilação de conhecimento tornam-se questões de perícia e treinamento.[11] Somente uma oposição crítica a esse

---

11. "O indivíduo eficiente é aquele cujo desempenho consiste numa ação somente enquanto reação adequada às demandas objetivas do aparato, e a liberdade do indivíduo está confinada à seleção dos meios mais adequados para alcançar uma meta que ele não determinou." (MARCUSE, H. "Algumas Implicações Sociais da Tecnologia". *in Tecnologia, Guerra e Fascismo*. Ed. UNESP, São Paulo, 1999, p 78.

império da factualidade pode criar *projetos*, isto é, visões de futuro que não se subordinem aos fatos, mas que instituam valores — aceitando com eles o risco inerente da irrealização. E como projetos humanos relacionam-se com a liberdade, talvez ainda possamos supor que o futuro da universidade, se está sendo gestado no presente, certamente não será inteiramente determinado por este presente, mas, seja qual for esse futuro, penso que deve incluir antes de mais nada nossa opção pela possibilidade de escolhê-lo, por mais difícil e remota que nos pareça hoje a possibilidade de realizá-lo.

Dados Internacionais de Catalogação na Publicação – CIP

S586 Silva, Franklin Leopoldo e.
Universidade, Cidade, Cidadania. / Franklin Leopoldo e Silva.
Organização de Valter José Maria Filho. – São Paulo: Hedra, 2014.

ISBN 978-85-7715-127-1

1. Ensino Superior. 2. Política Educacional. 3. Universidade. 4. USP.
5. História da USP. 6. Projeto Universitário. 7. Liberalismo. 8. Ideologia.
9. Tecnocracia. I. Título. II. Maria Filho, Valter José, Organizador.

CDU 378
CDD 378

Adverte-se aos curiosos que se imprimiu este livro na gráfica Yangraf, em 1 de julho de 2014 em papel Ofsete 90 g/m² em tipologia Libertine, com diversos sofwares livres, entre eles, LuaLaTeX, git & ruby.